Für Michael Krüger ist das Gedicht ein Kompass, mit dem er die Gegenwart vermisst. Gegen die Diagnose von 1968, die Literatur sei tot, setzt er geduldig Verse, die die Schritte seines Lebens und die seiner Generation widerspiegeln, den Schatten der Endlichkeit zu bannen suchen, auf den Bildern verwandte Blicke finden und schließlich in der Natur ein Reich entdecken, das noch vielfältiger scheint als das der Literatur.

Seine Gedichte sind vom Sehen ebenso geprägt wie von der Gegenwart der Freunde. Peter Handke, Ernst Meister, die Polen Zbigniew Herbert und Adam Zagajewski, aber auch Petrarca und Natalie Ginzburg besuchen die Gedichte wie vertraute Orte, an denen Hunde und Katzen unter den Bäumen auf den nächsten Regen, die nächste »Widmung«, den nächsten Vers warten.

Michael Krüger, 1943 geboren, in Berlin aufgewachsen. Nach dem Abitur Lehre als Verlagsbuchhändler, nebenher Gasthörer in Philosophie an der Freien Universität bei Peter Szondi. Von 1962 bis 1965 arbeitete er als Buchhändler in London, seit 1968 Verlagslektor im Carl Hanser Verlag. Seit 1986 literarischer Leiter des Verlages. 1976 erschien sein erster Gedichtband »Reginapoly«, 1984 die Novelle »Was tun?«. Es folgten zahlreiche Gedichtbände, Erzählungen und bisher drei Romane, für die u. a. er 1986 den Peter-Huchel-Preis erhielt, 1994 den Ernst-Meister-Preis, 1996 den Prix Medicis Etranger, 2000 den Kulturellen Ehrenpreis der Landeshauptstadt München, 2004 den Großen Literaturpreis der Bayerischen Akademie der Schönen Künste und zuletzt 2006 den Mörike-Preis. Michael Krüger lebt in München.

Als Fischer Taschenbuch lieferbar: »Aus der Ebene« (Bd. 5865), »Die Dronte« (Bd. 9222), »Das Ende des Romans« (Bd. 11018), »Aus dem Leben eines Erfolgsschriftstellers« (Bd. 14596), »Himmelfarb« (Bd. 12382) und »Der Mann im Turm« (Bd. 11389).

Unsere Adresse im Internet: www.fischerverlage.de

Michael Krüger
Schritte, Schatten, Tage, Grenzen

Gedichte 1976–2008

Herausgegeben
von Hans Jürgen Balmes
und Jörg Bong

Nachwort von
Hans Jürgen Balmes

Fischer Taschenbuch Verlag

Veröffentlicht im Fischer Taschenbuch Verlag,
einem Unternehmen der S. Fischer Verlag GmbH,
Frankfurt am Main, Dezember 2008

Ein detaillierter Rechtenachweis siehe Anhang S. 223–226
© Michael Krüger
Gesamtherstellung: CPI – Clausen & Bosse, Leck
Printed in Germany
ISBN 978-3-596-18491-0

Widmung

I.

In diesem Haus ist Platz für vieles. Für deinen verschämten Blick,
wenn du dich wunderst über seine Anwesenheit; für deine
weitgereisten Träume, in denen ich (endlich) vorkomme: wie ich
eine Glasscherbe vor den Horizont halte und die Perspektive
um eine Winzigkeit verschiebe oder flach auf dem Boden liege
(wie eine Glasscherbe); für deinen abwesenden Gang
zwischen Bad und Küche am Morgen: der wird immer hier bleiben
und zu sehen sein, am Morgen, wenn sich die Helligkeit
hereinstiehlt (das verkleidete Dunkel). Für mich ist das
(im Gegensatz zu dir) ein tröstlicher Gedanke: *eine Weise des Gehens,
die niemals auszulöschen ist.* Aber ich bin (noch immer) ängstlicher
als du, kleinmütiger: deshalb vielleicht diese Texte. Früher z. B.
hatte ich Angst davor, daß das Haus voll sein könnte,
bis unters Dach voll mit unseren Geschichten, bewacht von
meinem Hundeblick. Es ist unglaublich, wieviel in dieses Haus hineinpaßt!
Und was alles hineinpaßt! Kürzlich sah ich mich
am Fenster stehen und dich beobachten, wie du das Haus betrittst.
Unmittelbar danach hörte ich mich am Telefon reden: stotternd
und müde entschuldigte ich mein Ausbleiben. Ich hörte mich auflegen:
auch für dieses Geräusch ist hier Platz. Erinnerst Du dich
an das chinesische (?) Märchen von den Leuten, die einen
bestimmten Ton einfangen wollten? Du mußt wissen, was
ein einzelner Ton in der östlichen Musik bedeutet. Es ist skandalös,
sich aus den eigenen Armen nicht befreien zu können; nicht zu wollen,
würdest du sagen. (»Daß er nur die Chance noch hatte,
alle rettende Anstrengung allein auf sich selbst richten zu *müssen,*
machte ihn gelegentlich glücklich.«) Meine Versuche, mir selbst

fremd zu werden, fremder, sind (bisher wenigstens) mißglückt,
ich weiß das. Aber der Vorgang ist auch kompliziert genug
und nicht ungefährlich: allein geht es schon gar nicht, zu zweit selten,
zu mehreren ist es immerhin denkbar. (Es gibt banale Formen des
Aus-der-Haut-Fahrens, die ich hier nicht meine: die Philosophie
der letzten 150 Jahre ist voll davon: Taktik als Ethik und Ethik
als Taktik und immer so weiter.)

2.

In diesem Haus ist Platz für vieles. Für die Druckfehler
in meinen Träumen, die die Anmut in Armut verwandeln:
eine ko(s)mische Katastrophe. Für das unordentliche Glück
und die heidnischen Spiele der Katze. (Übrigens mag ich es,
daß wir die Katze Katze nennen:) Es ist beruhigend, an diesem Tisch
zu sitzen und in den *dunklen Verliesen des Bewußten* zu flanieren:
in der Hand die Glaskugel, in der es schneit: hier ist Platz genug
für Rückkehr und Aufbruch. Natürlich ist es schwer geworden,
einen Gedanken ganz für sich zu haben. Aber es sollte auch
natürlich sein, ihn ganz für sich behalten zu dürfen. Auf diesem Tisch
ist er mühelos unterzubringen, neben dem Papier, zwischen den Büchern
und der Kaffeekanne. Wer spricht da? Angeblich weiß man heute,
wer spricht. Aber das ist natürlich Schwachsinn. Jede Bewegung,
jede Geste wird schwerer werden. Du weißt das. Ich breche
diese Widmung hier ab. Ich. Du kennst diesen Trick und weißt, warum
ich ihn anwende: auch Melancholiker haben gelegentlich Hunger.

Schritte

Herzklopfen

Es sind die einfachen Dinge,
die uns nicht schlafen lassen:
ein Herzklopfen,
eine Handergreifung,
ein verwundertes Umsichschauen.
Nicht die krausen Gedankenspiele,
nicht die wunderlichen Grübeleien,
nicht der tolle Maskenscherz
der Wahrheit.
Es ist die große Fußstapfe,
die uns plötzlich den Weg weist,
halb gebietend, halb segnend,
und klopfenden Herzens
stolpern wir durch den Schlaf.

Der erschrockene Mensch

Warme Rinde. Warmes Herz.
Und ein Wahnrest, gut verborgen,
der sich durch den Schädel frißt.
Wie soll man diese Operationen
der Seele beschreiben? Stimmen
über der Stadt, kaum daß du die Straße
betrittst. Jeder Schritt ist ein Raub
an der Liebe. Und bald schon so weit
vom Ursprung entfernt, daß es kein Wort
mehr gibt für den Schmerz. Irre ich
mich, oder hat die Stadt ihr Gesicht
gewechselt? Sprich, erschrockener Mensch.

Istanbul erinnernd

Leicht ging ich unterm nassen Mantel weiter.
Europa murmelte im Schlaf ein mattes Nein;
die andre Seite, wo Mickiewicz starb vor 125 Jahren,
grub sich im Regen ein am dunklen Ende der Erinnerung.

Samson, Samson. Zigarettenschmuggler
mit Dreitagebärten und Philosophen, schlecht getarnt
mit einer roten Zukunft in den leergespülten Augen,
und eine stolze Frau am Taksim-Platz
in deren jähem Blick ein Tanker langsam untergeht.

Und ich?

Ich sah die Menschen stolpernd aus dem Spiegel fallen,
der lustlos Asien von Europa trennt.
Ich sah, wie man das Goldne Horn versteigerte
an einer Börse, die mit alten Waffen zahlt.

Sentimental und mit Wut im Herzen
flog ich fort und ließ einen Schrei zurück
in dieser Stadt, die Siege zu verschenken hat
an Narren, Weise, Pleitegeier und an Soldaten,
die den Tod bewachen, der plündernd sich am Leben hält.

Unübersetzbar war der Name eines Schiffes,
unübertragbar dieser Heiligenschein aus Öl.
Und nur ein ausgedientes Handwerk
gab mir den Mut, die offne Wunde zu beschreiben.

Ich liebte diesen Untergang:
den Steckbrief einer schlecht vernarbten Hoffnung.

Und ich? Nicht ich,
solange die Erinnerung mir folgt.

Die guten Tage

Laß mich die innern Grenzen
schließen. Die Ahnung hat nun
längst dem Wissen eine Narrenkappe
aufgesetzt; die guten Tage schon daheim.
Da füllte sich der Abend rasch
mit Wörtern: Und als wir endlich
wußten, wo und wer wir waren, kam der Schlaf.
Hier mußt du mich verlassen,
weil ich mich längst verlassen habe:
Ein langer Abstieg durch die Lehre,
ein langer Abschied, wenig Leben
in den Abenteuern. Und wenn die Flut
kommt, weil sie kommen muß
nach einer langen Ebbe, teilt die Zeit
das Meer; die Nacht kennt keine Ufer.
Nun ist das Wasser in uns, treibt uns ab,
und ein Papier tanzt auf den Wellen,
auf der Suche nach der Quelle
jener guten Tage, die im dunklen Horizont
verborgen ist.

Im Herzen der Stadt, 1982

Der Tag ist schon alt, und
unter den müden Wolken
werden die Stimmen leiser.
So ergeben hält die Erinnerung
sich im Putz der Häuser,
die Fenster jedenfalls suchen
nicht mehr nach Zeugen.
Geschossen wurde wenig,
die Pfützen zeigen
ihr unbekümmertes Gesicht.
Die Stadt hat sich verlassen.
Ihr Zentrum liegt erschöpft
in meiner Hand, ein kaltes Herz;
durchfroren klopft es einen Satz
auf meine Haut: Hier wohne ich,
hier wird mich keiner finden.
Kann sein, es weiß, wo diese Straße
endet, kann sein, es kennt den Traum
von einer andern Stadt, die früher
hier den Stein verwandeln wollte.

Eine Stille horcht die Menschen aus,
und ihre Augen suchen rasch das Weite.

Sonntag, nach dem Regen

So unbarmherzig friedlich, nichts wissend
von Ernstfall und Wunsch, kroch der Tag
kreidig über die Mauer, Stunde um Stunde,
mit dem Messer geschnitten in Stein.

Die Verwandlung mißlang, die armen Wörter
fanden andre Begleitung, wurden dünner
wie die Stimmen einer davoneilenden Menge,
zerzauste Vögel im aufspringenden Wind.

Dann kein Ton mehr: kein Lied, kein Gesang,
keine Bewegung, nur die Augen ankerten still
in dem vom Regen matt gewordenen Fenster,
»die Schwalben schliefen auf dem Grunde der See«.

So saß ich, maßlos bereit, mich von der Leere
entdecken zu lassen und ihr zu folgen,
unter ihre mahlenden Räder zu kommen,
die mich teilen würden wie einen zu langen Satz.

Aber die Empörung war stärker, kräftiger war
der uralte Hang, dem Tage die Haut zu wechseln,
den Brand zu legen und ihn, als Retter,
von allen stürmisch gefeiert, zu löschen.

Und schon verlassen die Helfer den Kopf
und durcheilen den knisternden Frieden.
Aber so, wie alles in sich den Keim auch
des Gegenteils trägt: der Tag war nicht zu löschen.

Postkarte vom Frankfurter Flughafen

»Das ist der Frankfurter Flughafen;
von hier aus kommst du nach Basel
und nach Berlin.« Heute die Rückkehr,
morgen die Flucht, welches Gesetz

legt die Streifzüge fest? *Es besteht
bei uns die Konvention, jemandes Wort
über seine Gefühle zu akzeptieren,*
auch wenn der Abdruck im Kopfkissen

sich auflöst und das verkringelte Haar,
eben noch greifbarer Beweis einer Nähe,
sich deinem Zugriff entzieht.
»Das schöne Buch, das du mir gestern

geschenkt hast, habe ich vergessen,
das macht mich traurig.« Ein Buch
über Bilder aus dem 18. Jahrhundert,
über Ähnlichkeit und Ungleichzeitigkeit,

ein Lehrbuch der idealen Landschaft,
in der nur schwer zu leben war, ein Buch
der Lüge; das blieb liegen. Verabschieden
und festhalten: mit Geduld über etwas

sprechen, das nie existiert hat oder
nicht mehr existiert. Die Rede-Zeit
ist zu Ende. Wenn, wie manche glauben,
die Wahrheit nichts anderes ist

als das, was zu glauben uns nützt,
dann sähen wir uns wieder. Ich warte.
Ich sehe den Flugzeugen nach,
die mein Fenster kreuzen. Es gibt

eine Wahrheit des Scheiterns,
an die zu glauben für uns besser ist.

Führung durch ein bekanntes Haus

Die Kinderzimmer willst du nicht sehen,
da sie an die eigenen Kinderzimmer erinnern,
auch nicht die undankbaren Keller,
die allen undankbaren Kellern gleichen,
nicht den grauen Dämmer unbenutzter Küchen,
nicht die Vorplätze und Salons,
nicht die blickengenden Flure
voller Fingerzeige und Geschichten,
von weitgereisten Verwandten mit Blut
an die Wände geschmiert.
Auch nicht die heiligen Zimmer,
in denen man denken lernte,
und auch nicht die mythischen Zimmer,
die leer stehen und nach Leere riechen.
Kein Blick in die Folterkammern
und die unersättlichen Speicher,
an den Flüsterstuben gehst du vorbei.
Du gehst vorbei an allen Türen,
hinter denen die Erinnerung arbeitet,
Stockwerk für Stockwerk.
Das Haus verliert an Geschichte.
Auf der untersten Treppenstufe
läßt du dich nieder, stellst die müden Füße
auf die Schwelle, die einmal gottesfürchtig,
und läßt dir den einzigen Raum beschreiben,
den nie ein Blick verwüstet hat.

Sightseeing

Leicht ist die Luft, ganz ohne Widerstand
läßt sie sich teilen. Du gehst und gehst
und hörst der Zeit zu, die sich im Rhythmus
deiner Schritte bildet. Nicht viel, gewiß,
doch immerhin: der faule Zauber gibt sich
in dieser Luft mit wenig Zeit zufrieden.
Und irgendwo im Niemandsland, wo sich die Stadt
nicht recht entscheiden kann, fallen dir
beim Gehen all die Wörter ein, die du
im Grundbuch deines Herzens (deiner Seele,
deines Lebens, deines Körpers meinetwegen)
festhältst: Offenbarung, Name, Sündenfall.
Die Ampel steht auf Rot. Du läßt dich treiben,
die Zeichen auf den Wänden treiben mit.
Schlachthof, Großmarkt, Autofriedhof, Friedhof,
am Ende dann ein Zoo mit wilden Tieren.
Jetzt kehrst du um.

Grillen

Immer so weiter,
solange die Realität
einem rechtgibt.
Immer so weiter,
mit kleinen Schritten zurück,
so klein, daß sie mühelos
zwischen zwei Wörter passen,
zwei Schreie eines Gefolterten.
Unlesbar die Schrift,
noch ehe das Buch zerfallen.
Auf der Innenseite der Trauer
die Rechnung der Tiere.
Grillen, geschrieben mit Blut.

Entgegnung

Sage nicht: unparteiisch
sei der Tod oder gleichgültig;
er wählt gewissenhaft aus.
Heute braucht er einen Kopf,
in dem Geheimnisse schlafen
wie alte faule Katzen.
Gestern war es ein Narr,
der den Umweg lobte: etwas
Grundloses müsse geschehen,
sonst kämen wir der Liebe
nicht näher. Und morgen?
Immer antwortet
die stellvertretende Stimme,
die fremde Zunge –
wer auswählt oder verwirft,
der läßt sich verleugnen.
Heute starb auch der Hund
von nebenan, der immer kläffte,
als gälte es Gott zu verbellen.

Im Sommer

Eine Fledermaus bekritzelt das Wasser,
ein Hund liegt gottverlassen still im Staub.
Was noch? Eine Schnur von Tagen,
licht, offen, leicht und weit. Am Hals
ein Druck, im Hals ein schweres Kratzen.
Und eine Hand in meinem Auge,
die schreibt: Nachtschatten, unentschlossen.

Postkarte, in winziger Schrift

für Izet Saraljic

Gestern kamen wir in eine Stadt,
die aussieht wie vom Wind zerfressen.
Sie liegt am Fluß, der uns den Weg
zum Feinde weist. In seinem launenhaft
gebahnten Bett schwimmt all der Unrat,
der auch die öden Straßen füllt.
Wir lagerten in einem Haus,
das ohne Dach war: so konnten wir
die Sterne sehen oder das, was sich
im dunklen Spiegel zeigte.
Ein Rinnsal teilte unsern Raum
in ganzer Länge, von dem wir tranken,
bis uns die Scheiße aus der Hose lief.
Ein Doktor kam, wir schluckten
folgsam seine Pillen, auch wenn sie uns
das Leben kosten sollten.
»Ich habe all das Blut vergossen,
damit das Kind in Frieden atmen kann«,
lautet das Sprichwort dieser Gegend,
in der es Bären geben soll und Wölfe.
Die Menschen hier, die noch an Wunder
glauben und die Wahrheit meiden,
leben vom Mist der Tauben, den sie,
als Dünger für das Frühgemüse,
in der Stadt verkaufen. Das Geld lebt
außer Landes. Im letzten Krieg,
sagte der Doktor gestern,
wurde der Feind zur Hälfte eingegraben,

den Kopf nach unten, Füße in die Höh,
so daß er aussah wie ein Rebenfeld.
So wurde, wenn man glauben mochte,
was er sagte, und fürchtete, was er verschwieg,
in dieser Stadt das Recht vollzogen.
Beide Schalen dieser Waage
waren reich gefüllt mit frischem Blut.
Mir geht es gut. Ich schreibe viel,
und nicht nur Briefe; die Sätze fließen
schnell am Morgen und schweigen,
wenn der Tag sich neigt. Dann herrscht
ein Dunkel, das zur Sammlung zwingt.
Noch fällt kein Schnee. Adieu, Europa.
Aus Mostar schreib ich wieder einen Brief,
und hoffe, nicht den letzten.

Ein Haus

Das Haus schlief schon,
als wir es betraten,
müde von Menschen.
Nur ein fremder Kummer
bewachte die Glut,
wir wurden erwartet.
Ich riß das Kalenderblatt ab:
es zeigte die Welt, wie sie war.
Der Körper, den wir nicht kennen,
kennt die Bewegung,
die uns bindet
und trennt.

Kleines Erbe

Auch durch Nichtstun häufelt man
über die Jahre eine Biografie zusammen,
ein Häufchen Magma, unnützer Überfluß,
an dem sich andre laben.
Jeder schmeißt ein Wörtchen dazu,
und am Ende, wenn es das geben sollte,
steht man auf dem Dach der Welt.
Wer wenig schreibt, kann es zu Lebzeiten
zu *Gesammelten Werken* bringen,
unsicher ist nur der Grabstein
wegen der vielen Toten.
Durch Berührung wird die Natter
geweckt, laß sie in Frieden
zum Schutz des eigenen Herzens.

In den Schweizer Bergen

Wie ein alter Freund trat der Nebel
auf uns zu, ein stummes, unerwecktes Material,
das uns nach seinen Wünschen formte.
Wir hatten keine Zeit, nach einem Weg
zu fahnden, Bäume gingen vorbei,
gemächlich, wie auf Zehenspitzen,
das Wurzelwerk um die flüsternden Kronen
geschlagen, und Steine, frisch der Erde
entstiegen, zeigten ihren bärtigen Reichtum.
Unparteiischer Nebel, der die Schönheit
des Unsichtbaren preist, den glucksenden Bach
und das schüchterne Piepsen der Vögel.
Nur wir, ohne Augenzwinkern, scheu und verloren,
wir wußten nicht weiter und sahen nur noch
die Hand vor den Augen im Nebel.

Sofia, im Februar

Klares Wetter auf dem Weg nach Sofia.
Von oben sieht man sehr schön
die Rauchsäulen, aus denen Kriege entstehen.

Das Flugzeug schüttelt sich über dem Balkan,
aber die Geschichte hält die Balance.
Herr Selbstverständlich neben mir schläft.

Beim Anflug die Krähenbäume von Boyadzhiev,
sie geben dem unglücklichen Himmel Glanz.
(Wenn ihr wissen wollt, wie Schönheit entsteht!)

Ich kaufe eine Zeitung, die ich nicht lesen kann,
und teile mein Geld mit einem Zigeuner.
An jeder Ecke sehe ich mir selber zu,

und dann beginnt das wirkliche Bulgarien.

Spaziergang mit Henry Parland

Er nahm eine lose Seite
aus der Geschichte
und bekritzelte sie
mit seinem Befund.
Kaufte Zigaretten,
die ihn nach Hause bringen sollten.
Alle Straßen führten vorbei.

Er konnte nicht leben,
so billig das Leben auch war.

Im Wald, nach Sonnenuntergang

Am Waldrand, unter dem Moos,
schläft noch immer ein König,
der erträumt sich,
mit diebischen Wörtern, sein Reich.
Aus Pilzen besteht seine Armee,
und mit dem Saft der Brombeere
unterzeichnet er seine Dekrete
zum Unheil, zum Heil und zum Tod.
Sein einziger Botschafter weltweit
ist ein verirrtes Echo
aus der Tragödie der Klarheit.
Vor seinem Palast liegen Steine,
sie wissen alles von uns.
Wenn man sein Reich betritt,
spielen die Vögel verrückt.
Dann ist man verloren und frei.

ZU KALT WAR DAS HAUS,
mein hauchdünner Schlaf
konnte die Schindeln nicht wärmen.
Über den See war ich gerudert
mit den letzten Vögeln,
die hatte das Schweigen verjagt.

Stimmen

Ferngespräch über Poesie

Bist du das? Ja.
Die Sätze werden unvollständig,
Worte springen ab, lassen sich
nieder in anderen Sprachen.
Zu viele wollen mitreden,
seit es so billig geworden ist.
Also sprich leise, die Welt hat
Ohren. Zeittakt. Bitte
buchstabieren Sie. Wer spricht?
Bist du noch da?

Der erste Besuch nach Jahren

Sie kam spät. (Lange hatte sie vor dem Haus
gestanden im Gespräch mit der Klingel,
die sie nicht berühren wollte; einerseits:
zu viele Hände; andererseits: der Glaube
an einen Rest Magie.)
Ich beobachtete sie lange vom Küchenfenster
aus: sie hatte einen Atlas in der Hand,
in dem sie vergeblich unser Haus suchte.
(Das Kartenlesen habe sie verlernt,
erzählte sie später.) Plötzlich
stand sie auf der Veranda: ein klapperdürres Gestell
mit ausgebleichten Haaren. Mit einem Geruch
nach Pilzen und Brombeeren. Schon saß sie
mir gegenüber, schon
hatte sie ihre Papiere ausgebreitet: »meine Archive
des Zweifels«, sagte sie;
säuberlich geordnet: die zitierten Zweifel,
die Erfahrungszweifel, usw., schließlich:
die unerledigten Zweifel (auf einem abgewetzten
Stück Papier: Nichts als Indiskretionen,
sagte sie, nicht der Rede wert!). Warum
dieser späte Besuch? Nach so vielen Jahren Angst
vor der eigenen Ähnlichkeit,
nach so viel öffentlicher Isolierungswut,
sorgsam verheimlichter Selbstdarstellung,
nach nach nach so vielen
dilettantischen Projekten für die Zukunft
der Wahrscheinlichkeit: dieser abendliche Überfall.
Sie können einpacken! schrie ich, ich will meine Un-

ruhe behalten: das ist das mindeste,
was man erwarten kann. Schon
war sie aufgestanden. Schon stand sie im Garten
neben den Schattenhaufen. Eilig
schloß ich das Fenster: damit der Geruch bliebe
nach Pilzen und Brombeeren. Am nächsten Tag
auf dem Tisch der zerknautschte Zettel: er lag
in der Hand wie ein Stein. Sofort
warf ich ihn in die Unordnung des Gartens
und freute mich wie ein Kind
am Klirren der Scheiben.

Überall Zeitungen

Überall nasse Zeitungen.
Die Kindheit ertrinkt,
wenn der Wind dreht.

Was wolltest du werden?

Zusammengelesen
ergeben die Bilder ein Geräusch:
viel Glück, viel Glück,
unerobert, unverletzlich.

Wer zählt, wer teilt,
verneigt sich nicht, geht weiter,
kleingedruckt?
Wer zählt sich aus?

Überall nasse Zeitungen.
Und wenn die Tür aufgeht,
stehen Boten davor,
auffällig harmlos gekleidet,
Jacke wie Hose:
sie entschlüsseln den Text
auf ihre unaufdringliche Weise,

ungefragt: Was wolltest du werden?

Du schneidest die Bilder aus
und verschiebst den Horizont:
eine unerprobte Geduld
liegt plötzlich über den Sätzen.

Überall nasse Zeitungen.
Und das Geräusch verirrt sich
in der geöffneten Zeit:

Viel Glück, viel Glück,
wenn der Wind dreht,
ist es deutlich zu hören.

Eine Unterhaltung bei Regen

So wie der Regen wütend die Erde
bearbeitet und ein störrischer Wind
mit dem Haus verschmelzen will,
in dem wir sitzen, so haben die Ideen
die Welt nur geritzt, sind aber nicht
wirklich eingedrungen. Die Veränderungen

sind nicht meßbar, oder nur in einer Zeit,
die für Menschen keinen Platz hat.
Es wird keinen Platz geben für uns
und unsere Idee der Harmonie,
es wird nutzlos sein, Atem
und Flug zu versöhnen. Es wird alles

so bleiben, wie es ist, nur ohne uns.
Also werden unsere Formen vielleicht
die letzten sein, auch wenn ihre Schale
nichts verrät über ihren Inhalt: aber
der Rhythmus wird bleiben, die Brechung,
der gefrorene Schrei. Nur geritzt,

nicht eingedrungen. Vielleicht ist es
falsch, zwischen Wunsch und Ausführung
zu unterscheiden, brummelte er, aber:
diese Unterscheidung hindert uns,
bei der eigenen Hinrichtung Beifall
zu spenden. Immerhin. Nur geritzt,

nicht eingedrungen. Vom Dach klatscht
das Wasser auf den gekiesten Vorplatz
und bildet Pfützen für die Vögel,
die feiern das Wasser,
wilde Tauben feiern das Regenfest.
Wir trinken, zutiefst in uns verbogen,

und horchen auf die mageren Stimmen,
die das Haus fragend umflüstern,
und schauen den Verwandlungen zu,
dem ununterscheidbaren Tun und Lassen.
Nur geritzt, nie eingedrungen.
Und hinter dem grauen Regentuch

ein blasser Schimmer, wie von einer Wolke,
die die Sonne in sich trägt und sie
umarmend löschen will.

Nachricht für Lidia
Ostern 1980
Auszug

Es gibt ein Foto von Strindberg:
Sein Gesicht liegt auf den gefalteten Händen
auf dem Schreibtisch.
Daneben in einer Vase Rosen,
deren Köpfe ebenfalls nach unten blicken.

Eine sonderbare Sympathie: Beide
verweigern sich der Reproduktion.
Denn unmittelbar nach diesem Schnappschuß
richteten beide sich wieder auf,
wie man in den Gesammelten Werken
nachlesen kann: Rosa Mystica,
die »im Sande der Gräber die heilige Ruhe«
hütet.

Lacht er unter dem borstigen Fächer
seiner Haare? Oder verbirgt er
eine geheime Notiz? Strindberg, gebeugt,
hatte keinen Sinn fürs Lächerliche,

eher ging er ins ländliche Frankreich,
um das stockende Atmen der Zivilisation
zu hören unter französischen Bauern.
Seine Angst: zurückgelassen zu werden.
Also loslaufen, bis an den Rand des Körpers,
den das Auge nicht sieht, und die andern
zurücklassen, die seine Worte verdrehn.
Weit verstreut hat er sich, über die Grenzen
seines Schreibtischs hinaus: wie Luzifer.

Deshalb also kannte er Europas
unschuldige Quellen, die er eifersüchtig
hinter den gefalteten Händen verbirgt.

Es gibt keine Liebe!
sagen die hängenden Rosen neben seinem Kopf,
der sich eilig über den Schreibtisch beugt.
Dieses Bild ist eine Blamage
in der Geschichte der Porträtphotographie.

Aber heute, Sonnabend vor Ostern,
als ich den Kopf von der frierenden Tischplatte
hebe, um das Schneetreiben zu entziffern
(zu meinen Gunsten),
sehe ich unten Strindberg vorbeigehen,
mit hochgeschlagenem Pelzkragen,
unendlich hochmütig und unendlich schwach,
»ermüdet von Arbeit und Tränen«.

Wie eine verlaufene Schildkröte
sieht er aus, wie ausgesetzt, die Hände
unter dem Panzer versteckt.

Ich höre noch das Klicken des Apparats,
und schon ist Strindberg aus dem Fenster
gekrochen. Das irrsinnige Schneetreiben
bedeckt rasch und umsichtig seine Spur

und erzählt dann,
während ich das körnige Foto betrachte,
die bekannte Geschichte der Auferstehung
bis zu ihrem unwahrscheinlichen Ende:

als wäre kein Mensch vorbeigegangen.

Stimmen

ABSCHREIBEN, HAUT FÜR HAUT. Jede Zeit
hat ihren Ort auf der Landkarte des Körpers.
Von dunklen Stimmen besprochen, der Ort
der Liebe, das ungeduldige Katzenherz:
so arm an Unendlichkeit, arm an Beweisen.
Und alle rufen nach dem guten Auge,
dessen Blick die Kammern sprengt, den Ort
der Wut, Diener aller und kleinliche Magd.

EINE GRÜNDLICHE STIMME, Epilog
des Herzens: Ermüdet von der Würde
des Rivalen planst du den Rückzug
in den Augenblick der Entscheidung.
Wie der Abend deine Schritte trennt
und das Licht sich auf der Stirn
sammelt, Asyl und Kopie. Nur:
die Stimme wird in der Entfernung
süchtig nach dir und verlangt Umkehr,
sie liest dir den Wunsch aus dem Kopf.

VERBÜRGT IST NICHTS. Doch als wir,
zu müde zum Sprechen, die Stimme
überquerten, die am späten Abend
langsam der Erinnerung folgt,
sahen wir ein kleines Schiff aus Papier,
das sich tapfer durch das Delta
der Worte schlängelte.

Verbürgt ist nichts. Doch als wir,
zu müde zum Schauen, die Erinnerung
passierten, die an solchen Tagen
träge unser Herz verlassen hat,
hörten wir deutlich jemand flüstern:
ich bin, ich bin, ich bin.
Verbürgt ist nichts. Doch als wir,
zu müde zum Lauschen, in der Nacht
zurückfanden in unser Haus,
war die Stimme schon da und sprach
aus uns: lallend, wie zu Kindern.

STIMMENVERLUSTE. Tanz der Gesten,
wenn die Antwort sich nicht mehren
will: Vor dir die Berge, hell im Föhn,
der See, für alle Eingeweihten grün,
der feste Wald im Süden. Bist du
ein Teil des Ausgelegten, ist der Ort,
von dem aus du mit einem Blick
das Bild zum Sprechen bringst,
noch Teil des Bildes oder außerhalb?
Du willst nach Haus. Betrachtest
deinen Abdruck auf der Wiese,
das andre Grün, das deinen Körper
hier für einen Augenblick bewahrt.
Du mußt jetzt gehn. In deiner Stimme
wuchern Gräser, wenn du am Notausgang
des Bildes auf die Frage, was denn Leben sei,

46

behauptest: ich bin nicht Deuter,
sondern Teil des Ausgelegten.

MUTIG IM VERSTECK
der Sprache (vor dessen Eingang
fremde Stimmen flüsternd nach dir
Ausschau halten) deine Wörter
wiederholen. Wenn der Abend dich
zur Welt bringt (wenn die andern
Stimmen schweigen), geh getrost
vor deine Tür: dann erhältst du,
aus der Stille, Wort für Wort
die Welt zurück.

Über eine Fliege

1

Unerledigte Briefe, Übertragungsverbote,
müde Gesichter, des Begehrens leid,
am Telefon will jemand die Schönheit
verteidigen. Und schließlich, der Tag
wollte sich schon davonstehlen,
meldete sich in all dem unbeschriebenen
Leben ein wartendes Gedicht.
Es fehlt die absolute Konstanz der Dinge,
es fehlt an allem. Ein paar Wörter
durchziehen mich restlos, widerstehen
dem Versuch, mit ihnen einen Satz
zu schließen. Ich bin allein
mit einer Fliege, die mich umkreist.
Ich warte, sie fliegt. Und wenn ich
endlich schreiben will, landet sie
auf meiner rechten Hand.

2

Warum meine Hand, Fliege,
warum nicht das weiße Papier,
der angefangene Satz
(unter dem pergamentenen Flügel),
das Fenster, die Lampe, der Tisch.
Die Hand ist ein Magnet für diese Fliege,
das starre Zentrum ihres kugeligen Raumes.
Woher weiß sie, daß ich willig Opfer bin?
Sie weiß alles.

3
Über Fliegen weiß man wenig, über Bienen
alles. Man kennt den Schwänzeltanz
der Honigbiene, man hat die Selbstjustierung
dieser Tiere untersucht im Schwerefeld
der Erde, ihre Reizung durch die Folge
der Gezeiten. Man hat sie kürzlich
nach New York geflogen, ihren Zeitsinn
zu bemessen, ob er endogen gesteuert ist.
Aber was weiß man schon
von diesem leichtsinnigen Körper,
der mich am Schreiben hindert?

4
Langsam wird es ungemütlich,
und keiner da, der mich befreit.
Entferne ich mich,
wenn ich über eine Fliege schreibe,
zu weit von der Wirklichkeit,
und von welcher?
Die Fliege schreibt ihre zarten Nekrologe
gut lesbar auf meine Haut, dreht eine Runde,
landet und fährt mühelos fort,
sehr innig und nicht zu rasch.
Irgendwo im Haus wird Musik gespielt,
einer hustet bei geöffnetem Fenster,
über mir schreibt einer wie wild
auf seiner elektrischen Schreibmaschine,
als gäbe es noch etwas zu berichten.

5

Die Wirklichkeit ist nicht meine Stärke,
das wurde in dieser Nacht deutlich.
Immer sagt einer, das ist gut oder schlecht
oder interessant. Immer wird einer angefordert,
das Unglück zu beschreiben. Aber das Wort
zieht weiter, unaufhaltsam, wie sehr wir
uns auch mühen, es zu halten.
Ich erinnerte mich daran, wie Herr Bego,
der Hund, in seinen quälenden Träumen
auf eine Wirklichkeit traf, die ihn
aufheulen ließ; und wie mürrisch
er dreinblickte, wenn wir ihn zurückholten
in unser nächtliches Leben.
Es gibt, mit andern Worten, Wirklichkeiten,
die sich vom Leben deutlich unterscheiden.

6

Irgendwann in der Nacht war die Fliege
verschwunden, jetzt müßte sie tot sein.
Sie hinterließ ein flüchtiges Testament,
das ich nun abschreibe mit meinen Worten.

Am Tresen

Ich traf ihn am Bahnhof wieder,
zwischen den Gastarbeitern,
die bayrisch sprechen: seine Aussprache
fiel auf. Er sah wie ein Maultier aus,
grau und unentschieden. Dieser Tag,
sagte er, gehört unbedingt ins Lexikon:
dieser eindeutige Regen, glasklar,
diese dünne Haut. Zwischen Ankunft
und Abfahrt eine vorsichtige Warnung:
Die Zeit ist zahnlos, sie mümmelt;
du mußt deutlich sprechen: Uhrzeit,
Gleis, die Nummer des Abteils. Andern-
falls treffen wir uns wieder.
Du kennst die Peinlichkeit
der viel zu schnellen Rückkehr.

Eine Frau

1

Sie macht Kaffee.
Zurück im Zimmer, fragt sie:
Milch? Sie holt Milch.
Zurück im Zimmer, fragt sie:
Zucker? Sie holt Zucker.
Sie selber nimmt Milch und Zucker.
Sie ist Kettenraucherin
und hat schweren Husten.
Ihr erster Mann wurde 1944
von den Deutschen ermordet.

2

Als Unabhängige Linke
sitzt sie im Parlament
(dreimal in der Woche),
das ist gleich um die Ecke,
den Ministerpräsidenten
hält sie für einen Banditen
auf Zeit. Sie glauben gar nicht,
wieviel im Parlament gelogen wird.

3

In ihrer Wohnung
in einem Palazzo im Zentrum
ist es bitterkalt und still,
Bücher und Bilder. Wohin darf ich
meinen Mantel legen?
Der Junge des Bäckers, sagt sie,

ist aufs Land gegangen. Viele
haben genug von Rom. Sie weiß auch,
was die Kinder des Schlachters
treiben. Sie weiß alles.
Sie prahlt nicht. Traurig sagt sie,
die Familie ist für immer zerstört.

4
Die Buchhandlungen in Rom
werden von Schuhgeschäften
verdrängt, Arbeitslose, sagt sie,
lesen selten Bücher. Ist das
bei Ihnen anders? Sie trägt
eine alte dunkle Strickjacke,
ihr Haar ist kurz und eisengrau.

5
Wenn ich über ihre Bücher spreche,
lächelt sie scheu. Kindheit hat nichts
mit Unschuld zu tun. Alle unsere Gestern.
Der Jude Franz ist frei erfunden.
Wir waren eine große Familie.

6
Es wird immer schwerer,
noch ein Buch zu schreiben.

7

Ich würde Sie gerne als Gegnerin
haben, sage ich. Sie lacht, streicht
den schwarzen Rock gerade.
Kennen Sie die Listen der Macht?
Zur Zeit schreibt sie keine Romane,
es gibt andere Probleme,
z. B. den Papst.

8

Auf Wiedersehen, Frau Ginzburg.
Sie wohnt im 5. Stock,
ein Palast hat keinen Fahrstuhl.

Meister

In den Dingen
die Augen,
noch vor der Sprache.
Gleich, wo du bist,
du kehrst zurück:
Stein, Schwelle, Haus,
du wirst erwartet.
Es gibt
einen dritten Raum,
neben Innen und Außen:
so bleibst du
am Leben,
immer im Blick.

Brief

Gestern abend ging ich – bitte
frag nicht: warum? – in die Kirche
im Dorf, hockte mich bibbernd
zwischen die alten Leute
in eine der engen Bänke
und bewegte die Lippen, als hätte ich
mitzureden. Es war ganz leicht.
Schon nach dem ersten Gebet – wir
beteten auch für Dich – wuchs mir
die Maske des Guten übers Gesicht.
Vorne pickte der alte Pfarrer,
ohne eine Lösung zu fordern,
wie ein schwarzer Vogel lustlos
im Evangelium, schien aber nichts
zu finden, uns zu verführen.
Kein Leitfaden, kein Trost.
Nach einer Stunde war alles vorbei.
Draußen lag ein unerwartet helles Licht
über dem See, und ein Wind kam auf,
der mich die Unterseite der Blätter
sehen ließ.

Skácel

Ihn drängte die Stunde
nach Haus. Noch ein Glas,
eine Zigarette, ein Wort,
das durchs Judentor paßt
mit den flatternden Zungen.
*Einmal jährlich erhängt
sich einer,* einem andern
fällt die Welt aus der Hand.
Nichts helfen die Verslein
gegen den Tod, den Meister
aus Mähren. Bei uns in Brünn
ist der Schnee wie Staub.
Deine schwarzen Augen
mit den brennenden Brauen,
dein Hemd voller Hecheln.
Noch eine Woche,
dann sehen wir uns,
sechs Tage bist du schon tot.

ERINNERUNG,
das flüchtige Brandzeichen
auf deinen Briefen,
eine Nachbildung der Welt.
Zu groß sind die Räume,
die wir uns schufen,
zu langsam der Schritt,
sie zu vermessen.
Und die Frage,
wie es mit uns gedacht sei,
geht auf dem Postweg
verloren.

Im Gespräch

Du weißt: ich bin nur ein Gast hier
in diesem Haus, einer, der den Schatten
aufsucht unter den großen Bäumen,
das flüchtige Bündnis am Abend.
Ich bin das Auge, während der Wind
in der Hecke liest und dem Bach,
der sich meerwärts müht, eine Fratze
auf den Rücken malt, zum Schutz
gegen die Nacht, die noch wartet.
Zwischen Weggang und Wiederkehr
glitzert zweideutig das Salz
in der fallenden Sonne.
Du weißt, an wen ich mich wende,
an das Gesicht, das mich erblickt,
ohne mich zu erkennen. Der Tag
ist um, die Wächter steigen weiß
aus dem Gras und halten Gericht,
doch immer so, daß sie es sich
mit Gott nicht verderben.

Rede des Petrarca nach dem Abstieg
vom Mont Ventoux

für Bazon

Ich habe nichts gesehen, nur geschaut.
Das Horizontprofil der Berge: es lag da,
vor meinen Augen, ein episodisches Fragment
der andern Berge, die ich nie bestieg.
Die Schleife eines dünnen Flüßchens
zwang mein Auge, ihm zu folgen,
bis es ein weißer Glast verschlang.
Von Osten quälte sich ein Weg herauf
zu jenem Scherbenacker, der mich trug.
Nach einer langen Stunde auf dem Gipfel
stieg ich ab, müde vom Nichtsehn, glücklich,
den Augustinus in der Manteltasche,
mit Eselsohren gut versorgt. Er lehrte mich,
daß Grenzen Grenzenlosigkeit erzeugen,
doch mit den Augen hat das nichts zu tun.
Mögen nun andre diesen Berg befahren
und sehen, was noch übrig ist. Nicht viel.

Schriftstellerkongreß

Lahti / Finnland

Einmal habe ich, heimlich, von meinem Fenster aus,
in der unerbittlichen Helle der Mittsommernacht,
den Dichtern zugehört, die auf dem fleckigen Rasen
vor dem Hotel die Schönheit besprachen, ihre
beleidigte Wahrheit. Dem kleinäugigen Russen,
der seinen Schatten unter dem Arm trug, wie nur
ein Russe, in der Mißgunst der kalkigen Frühe,
einen Schatten balancieren kann. Wenn uns im Schlaf
die Worte erreichen, anlegen zwischen zwei Atemzügen
in der sanften Dünung des Morgens, entsteht jene
Stimmung von Einheit und Unendlichkeit,
aus der Gedichte herauswachsen wie das dürre Gras
aus rissigem Asphalt. Einem traurigen Schweden,
der aussah wie der stumme Gott der Identität,
müde vom Spielen mit Wörtern. Nur ein Hauch noch,
eine Silbe, ein Echo in einer Folge von Spiegeln,
die keinen Anfang kennen und kein Ende.
Einer Portugiesin, eingehüllt in wehende Tücher,
die vom Flattern des Habichtweibchens sprach
bei seiner ersten Deckung: so empfangen die Wörter
unseren Sinn, wie der Zweig im Frühling,
wenn der Saft der Erde in ihn dringt. Schließlich
einem Dichter aus Polen, nur der Wahrheit treu,
die es nicht gibt in den Sätzen, einem Mann
mit dunklen Augen, verirrt in seiner Melancholie.
Er zeigte den andern eine Münze, um die Lage
der Poesie zu erläutern: weder Kopf noch Zahl
waren zu sehen auf dem abgegriffenen Rund.
Eine Totenmesse für die leere Stelle zwischen

Geist und Natur unter einem blaugrauen Himmel.
Ich selbst hatte, den Kopf hinterm Vorhang verborgen,
dies und das auf der Zunge über den Anspruch
der Wahrheit der poetischen Rede, blieb aber stumm,
wärmte die aufkommenden Schreie in meinem Mund,
die ein Teil der Wahrheit waren, deren Geschichte
als blutiger Irrtum bekannt ist. Ein machtloser Teil,
geplündert, entheiligt, unfähig, das Zerrissene
zu nähen. Aber ich konnte nicht sprechen, sah nur
im Spiegel des Fensters mein Gesicht, verschwommen
wie geschmolzenes Pech. Später, die Mitternacht
war längst vorüber, gesellte sich ein schlafloser
französischer Dichter zu den andern. Er hatte
Kiesel gesammelt unten am See, in der Helle der Nacht,
verfolgt von den krächzenden Schreien der Möwen,
die zeigte er vor: Wir stehen außerhalb der Literatur,
wenn wir über sie reden, sagte er, jedes Wort war
deutlich zu hören, wir verdoppeln sie nur, ohne sie
selbst zu berühren, ihren harten, unzerstörbaren Kern.
Laßt uns Gäste sein, ungebetene, aber willkommene,
zufällige Gäste, die an der Tafel Platz nehmen
und wieder verschwinden, ohne daß sie jemand vermißt.
Der Pole schwieg. Der Russe entließ seinen Schatten
und hüpfte ihm nach. Die Portugiesin, wie eine Mumie
verhüllt, dachte wohl an die Wörter, welche die Schönheit
des Körpers feiern, unbeeindruckt vom Tod. Der Schwede
ging lächelnd von dannen wie einer, der die Schwäche
dessen kennt, was er tut. Ich selbst blieb stehen
hinter dem Fenster und schaute dem Wind zu,
der in dem hellen Grün der Birken Ruhe fand.

Zur Erinnerung an Cioran

Genug gelacht gegen die Schöpfung.
Jeder geknickte Halm ein Beweis,
jeder Tautropfen eine Träne,
jeder Brief ein Erschrecken.
Von Christus gar nicht zu reden,
der ihn liebte wie einen Bruder,
den es zu opfern gilt,
um die eigne Macht zu beweisen.
Der Fußtritt war das Wasserzeichen
seines Schreibens, ein Slapstick,
ständig wiederholt: jahrelang
beweinte er schlaflos die Schöpfung,
jetzt starb er friedlich im Schlaf.

An Zbigniew Herbert

Weil ein träges und mageres Bächlein
im Frühjahr, in den Wochen der Schmelze,
oft ein größeres hervortreten läßt,
ein aufbrausendes Wasser, das die Ufer
mitnimmt bei raschem Durchgang,
starren jetzt viele, der Gegenwart müde,
auf den schwindenden Vorrat der Träume,
ob sich nicht etwas zeige am Grund:
eine andere Sprache unter der Sprache,
mit der sich erklären ließe, warum wir
erklären wollen, als sei nicht genug.
Nicht die Routine, die wir Leben nennen,
den untreuen Kopf, der alles vergißt,
damit wir am Morgen die Sonne erkennen
mit Ah! und Oh!
Die Welt sei nur Einbildung, sagen jetzt
viele nach einem ersten Blick ins Gehirn
und sind schon verloren im Virtuellen,
wo ein Baum nur noch aussieht wie einer.
Und an der Grenze?
Steht ein Spiegel, so groß wie die Welt,
der einen Baum zeigt, der keiner ist:
was Realität hieß in unserem Land
ist von der Illusion der Realität nicht
mehr zu trennen. Hat sich die Welt
verändert, seit der *Meder* kam – oder nur
das Wissen über die Welt, das sie
zum Verschwinden bringt in ihrer
Wiederholung? Bald, lieber Zbigniew,

werden wir alle Spiegel im Lande
verhängen und die Bilder zur Wand kehren,
damit das Bild, das uns zeigt,
den nicht aufhält, der am Ende
unvorstellbaren Welten entgegenwandert.

Dichter zu Besuch

Er kommt unangemeldet, wie immer,
und erzählt die Geschichte vom Fluß,
der seinem Namen entgegenfließt,
ihn aber nie erreicht.

Ich bin der Fluß, sagt der Dichter,
als hätten wir es nicht längst gewußt.
Alles steckt er ein, man muß aufpassen,
sein Appetit auf Dinge ist unersättlich.

Was ihn an Würde erinnert oder
Verehrung beansprucht, ist ihm peinlich,
dann redet er über Wasserflöhe und Schilf.

Drei Tage fließt er durch unser Haus,

und drei Tage schauen wir uns an,
ohne zu wissen, wer wir sind.

für Wolfgang Bächler

SAG DEN SPERBERN,
sie sollen die Uhr mir
stellen nach meinem Tod,
und der Falke, mein Freund,
soll das Zifferblatt spalten,
bevor der Blitz es trifft.
Ein Satz verbirgt sich
in jeder Freundschaft,
der kommt nie
zur Sprache,
nie.
So stand es auch
zwischen uns.

Mundvorrat

für Peter Handke

In den Taschen arabische Pilze,
auf Katastrophen gefaßt.
Amseln, betrügerische Kellner,
bringen Knoblauch und Salz.
Von einer Sekunde zur anderen
fallen der Hitze die Augen zu,
die Pilze haben die Prüfung bestanden.

Sabas Ziege

Wenn ihr mich fragtet
nach meinem Lieblingstier,
ich würde Sabas Ziege nennen,
die mit dem trotzkistischen Bärtchen.
So stelle ich mir den Engel vor,
wenn er aus dem Dunkel tritt.
Wir trafen uns auf dem Karst,
wo der Wind nicht mehr Gewicht hat
als der Schatten.
Sie glaubte an das junge Geißblatt,
ich an das unabänderliche Gras.
Wir schrieben uns Briefe,
ihre Adresse ein verlassener Stall.
Manchmal begegnen wir uns
in zerfledderten Anthologien,
da steht sie hinter den Grillen,
ich bei den Krähen.
Zwischen uns eine Leere,
die nicht zu füllen ist.

SO WIE FRÜHER GEDICHTE die Welt erhellen sollten,
die es nicht gab, den Weg, vom Ginster behütet,
von der silbrigen Distel, den Fluß und den Rückfluß,
den verschlossenen Himmel, von weißen Vögeln
zerrissen; so wie später Gedichte den hellen Streifen
Licht unter der Tür festhalten sollten,
die erstarrte Woge der Schrift, das Herz,
ausgedörrt von der Fürsprache heftiger Worte;
so wie kürzlich Gedichte aussprechen sollten,
was wir uns nicht aneignen konnten, die Verfinsterung,
das unbewohnbare Dunkel als Bedingung des Lichts,
den Zufall als Gesetz der Wahrscheinlichkeit;
so müssen sie jetzt zu sich selber sprechen
in einer Sprache, die ihnen nicht gehört,
in der wir uns selbst nicht vergessen.

Tübingen, im Januar

für Georg Braungart

Schneelos der Himmel,
in der Takelage der Reben
kommt der Tag ans Licht.
Lebensmüd arbeitet vor mir
das Holz vom vergangenen Jahr.
Wie totgeschlagen die Zeit,
wie geschwollen die Sprache.
Es mag Ihnen seltsam vorkommen,
aber auch Krähen haben ein Herz.
Das ist, in wenigen Worten,
die wahre Geschichte meines Lebens.

Unverarbeiteter Stoff

für Adam Zagajewski

Wie uralte Patriarchen stehen die Bäume
um mich herum, sanft und traurig
üben sie ihre orthodoxe Liturgie.
Die Unendlichkeit zittert in jedem Blatt.
Streng, mürrisch und gedankenlos
fährt der Wind in die Gräser,
die sich alles gefallen lassen.
Wirklich verstanden haben wir nichts.
Angeblich geht keine Erzählung verloren,
nur die Anweisung zur Lebensführung
ist flüchtig, auf freiem Fuß.
Das Furchtbare liegt hinter uns,
das ist eines der endlich gelüfteten Geheimnisse,
von dem wir erzählen müssen,
der Rest ist das,
was wir vergessen haben.
Was nicht zu beenden ist.

Das Orakel von Delphi

Die Grille, Königin der falschen Rede,
versteht kein Wort von dem,
was sie uns stundenlang predigt.
Und Mücken, die sich unbändig freuen,
daß Gott zu spät auf die Welt kam.
Ich weiß nicht, in wessen Namen,
auf wessen Geheiß ich spreche,
sagt das Orakel von Delphi.
In ihrer blassen Mottenrobe
wächst die Zukunft aus den Steinen
und schaut uns nicht einmal an.
Geschrieben sind alle Worte,
doch ausgesprochen wurden sie nie.

Die kleinen Verse

Die kleinen Verse, die keine Richtung kennen,
eine Tendenz, sie folgen selbstvergessen
einem Weg ins Dunkel und tauchen plötzlich
auf der Lichtung auf, verwandelt. Sie kennen
nicht den Appetit auf große Wörter, sie sagen
nicht, was Menschen tun und lassen sollen.
Und wenn von Gottes Tod die Rede ist,
vom Tod des Menschen, sind sie nicht zu hören.
Platon, Nietzsche, alle Dichter, die mit Feuer
das Feuer bekämpfen, daß im fiebrigen Prasseln
Klang werde, höherentwickelte Form, verachten
die kleinen Verse. Sie aber leben weiter,
im Lidschlag des Auges, das sich öffnet und
schließt.

Schatten

Auch der Tod ist nur eine Anspielung auf das Leben

Du fragst mich, wie der Wunsch
auf die Welt kommt, der unbewohnte
reine Wunsch, der sich nicht füttern
läßt mit der Idee vom wahren Leben.
Der nicht herausfällt aus den ein-
gesessnen Augen und vor dir sitzt
und auf Befehle wartet. Der für ewig
getrennt ist von deinem Körper,
der keine Aussagen macht über dich
und dein aufgeräumtes Leben. Der Hand
an die Träume legt und nicht versponnen
ist in die Farbe der Hoffnung.
Der das Jahrhundert bespringt, bevor
es sich aufgibt. Im Namen der Zeit
soll er reden, im Namen des Wassers,
im Namen des Großen Stromes. Aus
der Erde soll er springen und die Welt
soll er schlaflos machen ohne Anruf.
Was soll ich dir sagen? Der Wunsch,
eine Antwort zu kriegen, erstickt
für immer die Quelle. (Du weißt doch,
auch der Tod ist nur eine Anspielung
auf das Leben.)

Besichtigung eines fertigen Gebäudes
auf dem Weg an den Tegernsee

Die Todesangst, sagt sie plötzlich, auf dem Weg
nach Bad Wiessee, während eines großartigen
Gewitters, mitten auf der Autobahn,
die Todesangst hab ich nicht mehr vor den Innen-
explosionen, vor dem Donner mitten im Herz,
sondern: vor dem unendlichen Buchstaben-
strom, vor diesem Unendlichkeitsgemurmel
in meinem Kopf: weil ich nicht weiß wo ich auf-
springen soll, weil der Satz immer noch einen
Nebensatz nach sich zieht; die Angst
vor der entsetzlichen Gleichmäßigkeit der Rede,
vor der Ununterbrechbarkeit trotz Eruptionen,
Explosionen, Revolutionen. Mich macht das krank,
der unsichtbare Einfluß in meinen Kopf und
der unsichtbare Ausfluß, weil ich schon nichts
mehr anfassen kann, weil das Ergebnis schon immer
so alt ist wie wir selber und so kümmerlich, weil
ich nicht sagen kann: Anhalten, diese wahnsinnige
Rastlosigkeit der Buchstaben macht mich wahn-
sinnig, auf jeden Fall nervös. Wir können umkehren,
sage ich, am See gibt es nur See und Bäume und
die unerträglich gute Luft, aber ich sehe dabei
angestrengt in den Rückspiegel und schalte ohne
Grund in den vierten Gang. Also wenn ich
einen Satz schreibe, dann dauert mir das Schreiben
zu lange, dann möchte ich das sofort erklären,
dann die Erklärung der Erklärung usw.,
du weißt was ich meine,
ein riesiges Gerüst aus Sätzen, Erklärungen und

Fußnoten, ein stabiler Totalsatz schwebt mir vor,
eine Art Haussatz, in dem ich wohnen kann, der
sozusagen in mir wohnt, mich ganz ausfüllt. Mit
Sälen, Galerien, Zimmerfluchten, Treppen, mit riesigen
Freitreppen, verstehst du, wo meine Tribunale statt-
finden, wo ich sage, Du stehst hinter der Barriere,
Du davor, wo ein alter Tresen die narzißtischen
Gegner trennt, wo ein dauernder Durchzug ist. Material-
ermüdung gibt es da nicht: die Sachen, die Gesten
und die Sprache usw. unterliegen einer strengen
Kontrolle. (Und mein Zimmer:) Ist unter dem
Dach, von dort geht dein Blick über die Dörfer.
Ich muß lachen. Unter der Milz ein Druck, im Kopf
der bekannte brennende Schmerz: irgend etwas passiert
jetzt, ich spüre eine sehr deutliche Anstrengung,
ein entferntes Schaben, eine ununterbrochene
Reise durch sämtliche Organe; kein Kommentar.
Hinter der Ausfahrt kam das, was ich befürchtet
hatte: die Erfindung einer Maschine,
sagte sie, beschäftige sie, mit der man Geschichte
vernichten könne, erschrockene Phantasien, Träume,
verstehst du, die gleitenden Übergänge, die Kopf-
skandale, die Naturblödheiten werden einfach
verbrannt. Und die Asche ist eine Art Spezial-
dünger für meine Gärten am Horizont, auf kleiner
Flamme gewonnen, natürlich, aber nahrhaft. Sei still,
bitte. Das ist kindisch. Deine kindische Freude am
Aufflackern der roten Lämpchen, deine ganze
Maschine, dein Haus. Okay, aber die Rede, die ununter-

brochene Zivilisationsrede, die Kulturrede, die
sogenannte Naturrede, und dann mein Haus, dieses
herrliche Gebäude, mitten in diesen Strom
gebaut, ihn vollständig unterbrechend, sag doch
ja, wenn du ja sagst, verzichte ich auf alle Maschinen.

Der letzte Versuch, in vier Teilen

1

Vielleicht ein Arm, um anzufangen,
ein gutes Knochenstück mit einer Hand,
die einen Stein umklammert. Oder
ein Herz, verborgen / geborgen, eingenäht
in die Haut. Zweierlei Augen,
für innen und außen: die Macht des Blicks
und die Ohnmacht des Schauens. Nun
haben wir den Ort des Großen Todes, hier
findet der Kampf seine Gegner. Aber:
keiner will kämpfen vor der Außenmauer
des Glücks, keiner will das Haus verlassen,
die Straße vor meinem Fenster ist leer.
Die Kastanie wirft einen Schatten
über den Asphalt, Blatt für Blatt,
ein zitternder Körper, zu allem bereit.
Stadtsonntag. Stehende Zeit. Du paßt
die Zunge ein, den Gaumen: sag etwas,
bitte, sprich: Ich bin der Zwilling
des Schweigens.

2

Nun hast du den Körper beisammen.
Hast ihn zusammengelesen unter Aufsicht
der Zeit, wie eine Schulbuchgeschichte:
wenig Handlung, wenig Natur, dazwischen
die unüberholbaren Tränen über den Mangel

an Mangel. Laß ihn laufen, *gibs auf*, ihn
zu halten. Er wird den Punkt finden, der ihn
von allem trennt: den blöden Begriff
unter der Zunge, das Jahrhundertbonbon,
attraktiv & preiswert.
Da siehst du ihn laufen (vom Haus in die
Hauslosigkeit), gleichgültig gegen sich selbst,
verliebt in die Auslagen, die Augen
ausgemistet, ein ansprechender Bote
aus der stehenden Zeit. Irgendwie gehören
wir drei zusammen: du, der Mann auf der Straße
und ich, nur weiß keiner von uns wie,
an diesem Sonntag, wo die Museen geöffnet sind,
bei freiem Eintritt für jeden.

3
Ein auswendiger Gang durch die Porträtgalerie:
Möglichkeitsgesichter, strenge Frauen, die uns
hemmungslos nachzwinkern; der süße Blick
der Verachtung trifft alle, die mit schiefem
Hals um Nachsicht bitten. Eine, mit runder Stirn,
will dich plötzlich an den Anfang zerren,
in die Vorhalle der Zukunft, wo Filme laufen
über die Lebensgeschichte der Idee des Ganzen.
Ich will, ich kann nicht Zeuge sein in diesem
Schauprozeß: Mensch gegen Bild vom Menschen,
ich will das Blut nicht sehen, das hier fließen
wird; ich will das Urteil nicht hören,

die Verfluchung des Auges, die Zurichtung
der Seele, eingemauert in Frohsinn.
Die Augen sinken.
Blind läufst du vorbei an den Bildern

der Herrschaft, ein irrgewordener Mensch,
der in einer Straßenbahn das Weite sucht.

4
Also gehn wir nach Hause. Zu Hause
erwartet uns nichts. Alle Verabredungen
im Kalender sind erledigt, durchgestrichen,
es gibt keine unentdeckten Telefonnummern
mehr, die auf dein Leben anspielen. Es gibt
das gelehrte Brummen der Bücher. Und ein Tier,
das sich in der Heizung verirrt hat. Leere
Wände, auf denen dein Leben signiert ist
mit unsichtbarer Tinte. Eine Zeitung,
die dich auslacht. Der Ausgang ist offen,
so oder so. Du mußt den Mülleimer leeren,
der Dreck dreht dir das Herz um. Und gib
der Katze zu trinken, bevor du endlich beginnst.
I'm sorry that you had to sleep in my blood,
but everything else I'm happy about.

Fußnote

Wir kommen zurück, die Reste
zu holen: Kissen, Überzug, Laken,
eine Zeichnung, die ungeschützt
über dem Herd hing: *Hermes,
der Totengeleiter*, der vier Jahre
lang das Essen würzte. Noch ist Gott
nicht geboren, die Uhr bleibt hängen,
auch der Spiegel im Flur: wie groß
die Wohnung wird, je mehr sie sich
leert, und wie klein die Zeit,
die in den kahlen Zimmern brütet.
Es ist jetzt dunkel, weil wir
die Lampen entfernt haben, alles
geht sanft durch uns hindurch. Dort,
wo früher mein Schreibtisch stand,
versuche ich auf der Wand eine Notiz
zu entziffern: Dein Zorn ist Liebe,
eine Fußnote in der Geschichte
der Eitelkeit, die noch zu schreiben ist.

Über die Schlaflosigkeit

Schon sind die Schleifspuren der Ereignisse
verwischt, die das Gestern schwer atmend
in den Wachraum gezerrt hat: einen Brief,
einen Anruf, eine falsche Entscheidung
und eine richtige, wenn ich mir glauben darf.

Das Gestern selber ist spurlos im Morgen
verschwunden, wenn die schwarze Fläche,
die an den dunklen Wachraum grenzt,
tatsächlich die Zukunft ist. Ich bin unsicher.
Der Brief jedenfalls leuchtet wie ein Stern,

abstrakt, von aller Bedeutung gereinigt,
und der Anruf ist ein kostbarer Gegenstand,
der sich unmerklich bewegt: Unterwegssein
als Stillstand in einer Welt ohne Zeit.
Die falsche Entscheidung ist ein Fenster,

hell in die dunkle Fläche gemalt,
hinter dem die Sonne auf- und untergeht
wie in einer Jahrmarktsbude; die richtige
ist ein Rosmarinstrauch, den ein Füchslein
im Maul trägt. Der Tod hat keine Ahnung,

wer ihn mit geschlossenen Augen anstarrt.
Er entwirft einen Schlaf, der eine Verfallsform
des Wachens ist, eine belebte Einsamkeit;
einen Entzug, der unheilbar süchtig macht
auf eine nahe, doch unerreichbare Welt.

Ein Vortrag

1

Du mußt etwas verwechselt haben,
denn ich stand nicht *auf* dem Podium,
um die »wohlüberlegten moralischen Urteile«
zu begründen. Ich saß vielmehr unten
im Saal zwischen einer alten Dame,
für die »gut« und »schlecht« keiner Begründung
bedurfte, und einer jungen blonden Frau,
die unablässig seufzte und sich Notizen machte,
die ich nicht entziffern konnte.

2

Mir kam es sonderbar vor, daß alle
moralischen Urteile so rasch veralten,
was den Vortragenden nicht bekümmerte,
aber er lebt davon. Als er versuchte,
die »richtigen Bedürfnisse« von den »falschen«
zu trennen, mußte ich an dich denken:
»Jeder soll tun, was er für richtig hält,
auch wenn es sich als falsch herausstellt.«
War es nun objektiv richtig oder falsch,
wie wir uns verhalten haben? Die Antwort
des Philosophen ist, daß es keine Antwort
auf diese Frage geben kann, und zwar
aus sprachanalytischen Gründen.

3
Nach dem Vortrag bin ich in eine Bar
gegangen und habe einen Gin-Tonic
auf dein Wohl getrunken. Natürlich gibt es
keine höhere Welt, aus der wir unsere
»moralischen Urteile« zugewiesen bekommen;
es gibt nur den historischen Schlendrian,
in dem sie sich irgendwie entwickelt haben
und in dem sie nun irgendwie zerfallen sind.
Geblieben sind moralische Gefühle,
eine Art Trinkgeld der Philosophie.
Kürzlich schrieb mir ein Freund aus Amerika,
er wolle nur noch das Wedeln des Schwanzes
seines Hundes beschreiben, eine andere Literatur
könne er sich nicht mehr vorstellen.

4
Ich war froh, wieder zu Hause zu sein
in den fremden vier Wänden. Stundenlang
habe ich meine Bücher umgestellt, viele
aussortiert, an die ich fest geglaubt hatte;
aber es ergab sich keine wirklich neue Ordnung.
Ich ahne, was falsch ist, ich glaube zu wissen,
was unvernünftig ist, ich habe mich bemüht,
mir die richtigen Sätze zu merken.
Aber sie ließen sich nicht merken.
Im Traum tat ich etwas, das zugleich
moralisch und vernünftig und richtig war,
es hatte mit dir zu tun. Übrigens
ein Alptraum, aus dem ich schweißüberströmt erwachte.

9. 12. 83

Es gibt ein Bild in meinem Kopf
vom Meer, mit einem Strand, dem Wasser
unerreichbar, verdorben viele Sommer
lang: was Menschen hinterließen,
Schuhe, Flaschen, Dreck, Papier,
vertrauert kümmerlich die harte Zeit
des Winters. Es ist Dezember, kalt
und klar, am Horizont ein Schiff,
so klein, daß wir nicht wissen,
ob es sich nähert, ob es uns verläßt.

Wir? Ich und andere auf diesem Strand
vor diesem Meer. Einer liest den Horizont,
einer läßt den Sand durch seine Finger
gleiten, einer geht sammelnd die Linie ab,
die das Wasser vom Lande trennt.
Einer läuft mit schweren Schritten
durch meinen Kopf, berührt das Auge.
Einer schläft: sein Traum bedeckt die Erde
wie ein Netz. Alle sehen ähnlich aus,
keiner kennt sich, alle kennen mich.

Mich? Einer fehlt. Schon wird es
dunkel, die Brandung hält mit Mühe
mir den Himmel fern, der sich nun
anschickt, mich wie eine auferlegte
Buße zu beschweren. Mir fehlt das Wort,
ich sehe nichts, ich höre zögernd auf
die Wünsche, die noch einmal ihr bittres

Klagelied beginnen: Nach beiden Seiten
Feind, nach beiden Seiten Freund.
Höre nicht drauf! Du weißt, was folgt.

Nun tritt der Fehlende ins Bild,
der Totgeglaubte, dem allzu mutlos
wir das Licht entzogen hatten.
Und die Gestalten, schwer im Sand,
taumeln aus dem Dunkel auf ihn zu.
Er kennt den Strand nicht,
nicht das Meer auf dieser Seite.
Er ist hier fremd. Er schaut sie an,
dann mich, der dort noch immer sitzt,
mitten im Bild: in meinem Kopf.

NERO LEGTE SICH Blei
auf die Brust, seine Stimme
zu stärken. Jedes Wort
eine Narbe, eingebrannt
in das ungerechte Gedächtnis.
Andere leben von den Zinsen
des Schweigens, auch Fragen
ernähren den Mann.
Gegen nächtliches Irrereden
hilft ein Nagel,
aus einem Grabmal gerissen.
Ich kannte einen,
der ließ Insekten kriechen
über die leere Seite
seines Notizbuchs und las
in der dünnen Schattenschrift
sein Leben zu Ende.

Immergrün

Eine Hecke haben wir gepflanzt,
eine Mauer aus Lorbeer, das Haus
zu schützen, den kleinen Rest,
den wir verwalten: kandierte Blätter,
asketisches Profil. Die kleinen Vögel,
die hier wohnen werden, hießen uns
willkommen, unbekehrt
in ihrem Jubel, als der Spaten
in die Erde drängte. Dreißig Jahre
wird der Lorbeer wachsen.
Wenn jemand mit dem Schlimmsten
rechnet, leiht er die Worte dem,
der keine Stimme hat: dem Tod.
Das Unkraut unterm Lorbeer
möge wuchern, wie es will,
damit der Wahrheit Schwester
sorglos schreiben kann im Schatten.

Das Bett

für Ariane

Als du weggegangen warst,
habe ich dein Bett abgezogen.
Die Matratze sah aus
wie ein abgerissener Sträfling.
Wenn ich jetzt das Licht lösche,
bin ich mir nicht mehr sicher,
auf welcher Seite ich liege.
Mit einem Bein im Gefängnis,
mit dem andern in der Freiheit,
an Schlaf ist nicht zu denken.

Schwimmen

Die Arme in den Hüften, stehe ich lange
am Ufer des Sees und starre auf das Spiel
der Wellen, die ein bissiger Südwind mir
über die Füße schwappt. Ein verpatztes Kreuz,
das keinen Schatten wirft über den Kragen
aus gelblichem Schaum. Die Alten wußten,
was der See träumt. Schwimmen verboten,
blinkt es vom anderen Ufer, eine rote Ikone
in einem flirrenden Rahmen aus Nässe.
Die grauen Häuser warten wie eine Herde
auf die Ankunft der Arche. Ach, das Genuschel
der Wellen. Wenn sich eine der Wolken
zu schnell bewegt, sieht man für eine Sekunde
den leergeleckten Teller der Sonne.
Der Herr hat gespeist, nun gefällt er sich
in Rätseln, und ich soll sie lösen:
Der See, das bewaffnete Heer der Kiesel
auf schleimigem Grund, der helle Fisch,
der mit seinem Sprung die Elemente verwechselt,
zwei Schwalben beim letzten Aufklärungsflug
vor dem Regen. Dreißig Stöße gegen die Kälte.
Auf meinem Ufer sind noch die Felder zu sehen
als heller Ausschlag im grünen Filz
der Wälder, dann kriecht das Dunkel haltlos
über den See. Ein Stück Holz treibt vorbei,
übersät von Fliegen, deren Flügel der Wind
anhebt wie Wimpern über geblendeten Augen.
Zwanzig Stöße, die ich sorgfältig zähle,
als käme es darauf an. Ist jetzt die Mitte

erreicht, überschritten? Das kalte Herz
des Wassers, wo es gleichgültig ist, wohin
man sich dreht und wendet?

Für Billie, den Hund

Er steht da, der Hund, in stummer Bestürzung,
weil er eine Erinnerung nicht teilen kann.
Er kam quer über die Straße nach Hause,
wie ein Betrunkener, dem die Farben der Ampel
verwischen. Der weiße Fleck auf seiner Brust
zittert, aber es gibt nichts zu sagen.
Früher, bei Mondfinsternis, band man Hunde
an Pflöcke und schlug sie, damit ihr Schmerz
die bösen Geister vertreibe. Heute legt er
sich nicht auf den Rücken, wie gewöhnlich,
wenn ich die Hand nach ihm ausstrecke,
heute weiß ich nichts von seinem Leben nah
an der Erde. Seine bebende Nase
ist ein dünnwandiger Speicher für alles,
was er nicht versteht, aber nicht aufgeben kann.
Wo warst du? frage ich. Hundeblick.
Gut, suchen wir ein anderes Wort für Freiheit.
Es muß ein Recht für dich geben, das nicht
im Dienst der Macht steht, der Macht
des Menschen. Jetzt seufzt der Hund, ein Zittern
läuft durch das Fell, das erste Erdbeben
in der Geschichte unserer Freundschaft.
Vielleicht liebt er die Menschen nur,
um von sich abzulenken, seinem Hundeleben.
Höflicher Hund, der König kann stolz sein
auf deine verschwiegene Treue. Nun läuft er
befreit in den Garten, die Geister zu jagen,
die unter den Bäumen schlafen. Und mich,
zweibeinig, auf höherem Standpunkt, lähmt
die Feigheit, in die Hocke zu gehn.

Erziehung

Ich gehöre nicht zu denen,
die ihre Mutter begehrten oder
den störenden Vater töten wollten.
Der elterliche Verkehr, mein Gott,
mich trieben andere Phantasien
aus dem Haus. Auch die Lichtgarbe
des Kometen am nächtlichen Himmel
war für mich kein spermatischer Ausfluß.
Und der Regenbogen, den ich so liebe,
verband nicht Mann und Weib (oder Frau),
sondern Himmel und Erde.
Doch manchmal frage ich mich,
ob mein Ohr weiß, was es hört,
mein Auge weiß, was es sieht.
Wenn ich Maria sehe, wie sie dem Kinde
die Brust gibt, kann ich nicht glauben,
daß der zerredete Körper
der christlichen Kultur seine Seele
ausgehaucht hat. Und schließlich:
der melancholische Hund, mein Hund,
er darf nicht der unterwürfige Sohn sein!
Jeder muß sich etwas ausdenken,
das er für wahr hält: ausdrücklich oder
verschwiegen, aber am Ende zählt nur
die undurchdringliche Welt.

Das leere Haus

Wie eine Sakristei steht das leere Haus
vor der schweigenden Orgel der Ulmen.
Eine Schule, in der man lernen kann,
wie man Armut erzeugt. Ein Käuzchen
gibt den Ton an. Der Krieg geht ein
und aus, ohne zu fackeln. Es riecht
nach Bohnerwachs und frischem Zimt.
Die Schatten bleiben länger als erwünscht.
In der Ferne das gewaltige Lachen
der See. Und immer, wenn ich schlafen will,
beginnt der Chor mit der Probe.

Der Apfelbaum

wird geschnitten, noch hängen
zwölf Äpfel im Geäst.
Eine Krähe hält mir
den Tod vom Leib.
Die schweren Schritte des Denkens
im Gras.
Ich selbst habe Redeverbot.
Was nicht zur Sprache kam,
verwelkt lange im Schatten.

Hitze

Winzige Insekten, die angeblich
die Angst übertragen,
und aus dem Weinberg Stimmen,
lehmhell, ein Dialekt der Hitze.
Schwarze Hornissen,
die Ziehharmonika spielen,
in den Bässen bewandert.
Und manchmal:
das raschelnde Geräusch
dahineilender Tauben.
Mein Schatten schreibt
in der Stille:
Hier möchte ich bleiben.

Über Schatten

Ich kannte die guten und die schlimmen Schatten,
die raumlosen Schatten der Träume, in denen Theologen
um einen Zankapfel streiten, und den Schatten,
den Fische werfen und eilige Fliegen.
Mein Großvater mischte Schatten in die Saat,
damit etwas wächst, was nicht umsonst ist
und die Spreu sich vom Weizen nicht trennt.
Und einmal sah ich den Schatten von Vögeln,
der hing an den Steinen wie die Wolle am Strauch.
Ab heute wirft auch mein Schlaf einen Schatten
in die immer lichtloser werdende Welt.

OBWOHL IM MEER keine Fische mehr leben,
fährt der Fischer bei Vollmond hinaus.
Ich darf ihn manchmal begleiten.
Früher war er Kapitän bei der Marine,
»vier Sterne auf jeder Schulter,
wenn du weißt, was das heißt«.
Er kennt jede Welle zwischen Afrika
und hier, jede Schaumkrone, jeden Seestern.
Wir fahren an die Stelle, wo wir
am besten das Mondlicht fangen können
mit unserem Käscher. Einen Eimer voll,
das langt, gegen sieben sind wir dann
wieder zurück mit unserer Beute
und können erzählen.

Blicke

Ratschlag

Spare nicht mit der Farbe,
wenn du das Paradies malen willst
von seiner besten Seite. Zu wenig
davon glättet die Dinge, z. B.
das Meer sieht aus wie ein Begriff
vom Meer. Male nur eine Träne,
nur die Spiegelung deines Gesichts
in einem Wassertropfen,
dann hast du die Welle
und den Kiesel am Grund,
den Schiffbruch, das Paradies.
Zu wenig Farbe geht über
unsere Kräfte, und wir wollen ja,
daß sie unsere Sprache spricht
auf den Bildern. Wir haben immer
schon verstanden, was sich zeigt:
ein Haus am Meer
in einem heißen Sommer,
ganz weiß: als hätten wir in Schnee
gemalt.

Provinzmuseum

Der kurzsichtige Blick St. Georgs,
der den Drachen linkisch umarmt,
er wird ihm nichts tun. Umherleben
mit Bildern, Verzicht auf Philosophie,
wenn zwei Amseln dich trösten,
in einer Geheimsprache, die nur noch
ein Herr versteht, nackt zu Pferde,
er denkt in der Welt, mit dem Stiefel.
Die Kolonien als Spielzeugmuseum
einer Zeit, *die Riesen brauchte*, und
einer andern, die sie zeugte: Jetzt
stehen sie hinter dir, vergleichen
die Farben, das bewegte Beiwerk,
die krankhafte Frömmigkeit der Lust,
die kaum noch atmen kann vor lauter
unausstehlicher Betrachtung.
Hier riecht es nach Arbeit. Der Turmbau
zu Babel, fertiggestellt
von der Gemeinde,
abgetragen und neu geordnet
zu langen Häuserreihen, warum muß es
so enden mit allem was unfertig war?

Ich weiß noch gar nicht, was die Welt
ist, sagt ein Bild, und eine Madonna
antwortet mit einem schmalen Finger.
Nun geht ein Rauschen durch die Kindheit,
naturlose Träume, Fingerabdrücke,
an denen die Farbe versagt, und ein Greis

schreibt unermüdlich und bescheiden
die Krankengeschichte des Blicks.

Später wurde das Sehen verboten, die Bilder
fielen in Schlaf, die Formate verfielen.
Nur in einem abgedunkelten Raum, hinter
den Magazinen, bettelt ein verlegener Christus
um eine neue Methode der Periodisierung.

Paradies. Um 1530

Sie werden nicht gerettet:
nicht durch die Perspektive,
nicht durch den Schleier,
nicht durch ihre Nacktheit.
In der Bildmitte lebt
ein unbewohntes Herz
unter den drängenden Blicken
der Tiere. Wem soll es sich
schenken? Im Rahmen nisten
Vögel, geduldig warten sie
auf ihren Auftritt, atemhaltend starrt ein Fisch
den Engel an.

Das Paradies ist rund
und ohne Grenzen: das Licht
im Hintergrund kennt
keine Quelle, kein Objekt.
Es leuchtet teilnahmslos
sich selbst den Weg
in einen Wald, wo es sich
frierend unter Moos beruhigt.

Hier ist der Ort,
den wir zu lange suchten.
Hier wohnt Erfahrung,
Haß, Berechnung.
Hier ist der Spiegel dessen
was die Zukunft
einem ordentlichen Engel
aus den Händen nahm.

Traurige Menschen, heißt es,
verließen das Bild, sie winkten,
nackt, den zurückbleibenden Tieren.

In der Falle der Verführung
lachten sie. Ihr Lachen, heißt es,
brach sich in dem Kreis des Bildes
und ließ das Glas,
das dieses Paradies beschützte,
sehr leise, doch vernehmbar klirren.

Um 1580

Keiner
will dieses Bild gemalt haben.
Lustlos
ging es von Hand zu Hand,
ohne an Wert zu gewinnen.
Es entledigte sich
der Farbe, des Rahmens,
der Zeit.
Es widersprach nicht
den gelangweilten Blicken
des Adels,
nicht dem geilen Blick
der Bourgeoisie.
Es widersetzte sich nicht
den großen Fingern,
die es zusammenrollten
wie eine alte Zeitung.

Ich entdeckte es
in einem Provinzmuseum
in Portugal, nach der Revolution.
Wer den Staub wegpustet,
der es zärtlich bedeckt,
sieht, allegorisch verschlüsselt,
die virtú, müde lächelnd,
auf ihrem unversöhnlichen Weg
durch die steinige Wüste des Wissens.

Um 1610

Die Vorstudie hängt in Amsterdam:
Gehöft an einer Dorfstraße, Kreide,
mit Deckfarbe übermalt. Rechts
Weißdornbüsche, dahinter ein Haus,
das in die Unendlichkeit übergeht,
in einen grauen Himmel, der streng
und bewegt die Grenzen kontrolliert.

Diese Welt braucht keinen Schatten.
Ihr Licht entnimmt sie den Blüten
zweier Bäume, die es gern hergeben.
Diese Welt braucht keinen Gott,
das grau grundierte Papier spricht
für sich selber, für den Waldweg,
der sich mürrisch verliert,
als hätte es ihn nie gegeben.

Gott hat keinen Platz in diesem Bild,
nur ein halsstarriger Mensch. Er ist
gerade angekommen, erschöpft
von einem Fußmarsch aus der Stadt.
Soll er anklopfen an diesem Geisterhaus,
soll er bleiben, wo er nicht hingehört?

Das eigentliche Bild ist verschollen.
Aber wir wissen aus der gründlichen Studie
»Inleydng tot de Hooge Schoole der Bilderkonst«
wie es ausgesehen hat: der Mensch
war verschwunden, für immer. Ein Ast,

kahl und mit Flechten behangen,
starrte den Suchenden an und machte Geschichte.

Alle späteren Bilder dieses Meisters
sind der Versuch, die Niederlande
unter Bergen zu begraben,
auch auf den zahlreichen Vorstudien.

Um 1620

Oder die drei
sich verschlingenden Bücher:
jeweils das größere Format
trägt das kleinere im Maul.

(Kleines Breitformat, um 1620.
Ein Abklatsch-Umdruck,
später noch oft bearbeitet,
mit Kaltnadel oder Öl.)

Wir sehen einen Ausschnitt
aus einem unendlichen Bild,
das irgendwo anfängt,
frei von Erinnerung und Absicht.

Keine Hand,
die umblättert,
kein Auge,
das liest und erkennt.

Oder die drei
sich verschlingenden Bücher,
ineinanderverkrochen,
Seite für Seite,
ein mühseliger Austausch.

Ein Wort findet das andere:
Hunger und Durst,
Krieg und Frieden,

vorher und nachher,
Bekanntes.

Drei Bücher wie Asche,
der kokelnde Grundstock
einer Bibliothek der Versäumnisse.

Die Metallschließen (flämisch)
hängen müde herab: sie können
die Welt nicht mehr halten.

Um 1630. Ein Totenschädel

Wohin mit diesem Bild?
Es feiert nicht den Mythos
der Schönheit,
nicht den des Wissens,
nicht den Mythos der Erkenntnis.
Es ist kein Symbol der Vergänglichkeit
und dient nicht der Anatomie.
(Die Amsterdamer Zunft der Wundärzte
entledigte sich der Zumutung durch Verkauf.)

Es zeigt nichts
als einen genau gemalten Schädel
mit zusammengebissenen Zähnen.

Welches war das letzte Wort,
das aus diesem Munde kam?

Zweifellos hat dieser Kopf
viel gesehen: Europas Landschaften
sind in die Knochen eingestichelt,
Europas Reichtum und seine Müdigkeit,
seine Morde und die nie versiegende Reue.

Trotz allem ist dieser Kopf
weder ein Sinnbild des Scheiterns
noch der Lüge. Starr blickt er
nach Westen, nach links, dem Meer zu,
das ihn mit allem verbindet:
mit der Vergeßlichkeit von Kontinenten,

die auf den Karten immer schneller wachsen;
mit einer Wirklichkeit,
die unaufhaltsam versinkt.

Diesem Schädel, um 1630 gemalt,
vergeben wir nichts. Nicht seine Herkunft,
nicht seinen Blick, nicht sein Wissen.
Solange er das Wort nicht freigibt,
das er in seinem Kiefer verbirgt,
schauen wir ihn schweigend an,
mit fest zusammengebissenen Zähnen.

Um 1640

Eine Kerze verbrennt
im Spiegel. (Und die Haut
der Hand, die sie hält,
ist so dunkel wie Leder.
Die Hand eines Bauern,
geschwärzt im 30jährigen Krieg.)

Keine Augen.
Keine Nase.
Kein Mund.

Ein *Caravaggiste*,
der das Leben verbrannt hat
mit einer einzigen Kerze.

Seit mehr als 300 Jahren
kämpft das Licht dieser Kerze
in einem geduldigen Spiegel
mit dem Tod.

Kein Krieg
Kein Zweifel
Kein Mitleid

konnten es löschen.
Nur der hastige Atem
der Analogie ließ es flackern
auf der dunklen, ledrigen Haut
einer Hand eines Menschen,
geschwärzt im 30jährigen Frieden.

Um 1660 oder später

Schon müde sind die Erinnerungen
bevor sie die Stadtmauer erreichen,
das dunkle Gedächtnis, makellos
verwandelt in eine Häuserfassade.

Die Bewohner sind fortgezogen, aus Angst
vor dem Horizont, der blau und schwer
den Stein beschützt. Alle Schatten gehen
sich aus dem Weg und ein Schrei,

wie er nie wieder gehört wurde,
belebt die unbelehrbare Stille
in diesem Museum des Augenblicks.
Deine Augen überfallen das Bild

mit dem ganz und gar lückenlosen Himmel
auf die alte Art des Verschweigens.
Wir kommen nie wieder zurück. Eine
Sonne flattert wie fortgeworfen im Fluß,

der das Echo der Häuser entführt,
erinnerungslos, geduldig, verschlossen.
Du weißt sehr genau, was dir fehlt:
jeder Blick auf dieses anziehende Bild

ist ein tödlicher Erfolg.

Um 1700

Ein Gefühl
berührt die Erde.
Narziß
sucht sich vergeblich
im Sand,
der blicklos schweigt,
geglättet
für die Ankunft
des Menschen.

Um 1750

Drei Äpfel, zwei Pflaumen,
Küchengerät: die Wahrheit,
ungeteilt, hat sich versammelt;
wie in einem Schaukasten
liegt sie vor dir,
unberührt und unberührbar.

Du mußt dich abwenden,
um nicht verrückt zu werden.
Wie ein Dieb läufst du fort
und hast nichts mehr bei dir
außer der Stille,
die dir laufend aus dem Herzen hüpft.

Im Museum

Das Licht heute läßt nichts
erhoffen: alles sieht
unverbraucht aus, wie neu.
Kein Satz rührt sich,
kein Entschluß, der Boden
ist gefegt, eine hohe Sonne
verhindert den Schatten.
Heute beginnen Geschichten
ohne Fortsetzung:
die Autoindustrie
hat einen Lack erfunden
für die Zukunft,
eine einmalige Erinnerung
an die siebziger Jahre,
gemischte Töne, matt.
Ein ungerührtes Gesicht
spiegelt sich: makellos,
unzerkratzbar, kurzsichtig.

Unser Blick zurück
trifft keinen Gegner.
Flugzeuge, Eisenbahnen,
Dampfmaschinen; Erwachsene
sehen aus wie Kinder,
unausgeschlafene Kinder
in zu großen Kleidungsstücken.
Nur langsam frißt sich die Zeit
durch die Bilder;
und wird kostbar.

Nur langsam geht die Entzifferung
voran, und gibt den Blick frei
auf eine düstere Reihe
Versprechen.

Warum weinst du, weine nicht,
wir werden die Eltern finden!

Kleine tätowierte Gehirne
bewachen das Museum.
Jeder Schritt, jeder Stich
ist festgehalten,
in ungelenker Schrift
erschließt sich uns
Raum für Raum das Labyrinth.
Besucher erwerben die Ideen
in guten Übersetzungen.
Gebunden, gebündelt,
auf freiwilliger Basis.
Die Zeit ist abgefunden,
sagen die grauen Männer,
mit guten Gründen.
Wir sehen uns nie wieder
so. Weine nicht,
wir werden die Eltern finden.

Alles ist neu und noch warm.
Die Vergeßlichkeit
entschädigt uns für das Warten,
für die Schlaflosigkeit.

Hier also das Ziel,
die dritte und letzte Version
der Wahrheit: wir lassen uns
vertreten von uns.
So erscheinen die alten Verweise
in einem neuen Licht
und bewegen uns doch
von fremder Hand.

Und wir
(wenn wir es sind,
die Wahrheit ist ratlos)
bewundern das Beispiel:
wer wir sind,
nicht: wer wir werden wollten.
Wir lassen uns heute nichts
zu wünschen übrig.

Auf alten Bildern

Hier ein Kopf, eine Stadt, ein Reich,
leicht als Einheit zu denken.
Hier ein Wille, mehr zu sein
als Hand und Fuß und Leib.
Hier eine künstliche Seele,
vom Körper getrennt.
Und nun die Gärten, das Labyrinth,
ein Verlieren.
Am Rand das Heiligtum,
von einer Hand gehalten ohne Arm,
getreu im Detail: empfänglich
für Licht von unten.
Eine Schüssel mit Obst,
ein Tisch, ein Stuhl, ein Bett.
Überall ist dieselbe Zeit,
nur die Bilder kennen die andre,
die tötet.

Ein Bild entsteht

Engel z. B. mit dünnen schwarzen Köpfen
durchquerten den Hof und zerteilten die Mauer,
bevor es zu dunkeln begann. Engel aus Büchern
mit hohen schwarzen Stirnen, den mageren Körper
beschriftet. Schwarze Engel unter dem niedriger
werdenden Himmel, die leise im Westwind
raschelten: jetzt war die Zeit, die farbigen Bahnen
einzurollen für die Nacht. Das Heilige verbarg
sich in einem Fleckchen rostroter Farbe,
das bis zuletzt leuchtete: Herz und Wunde
der Malerei, die auch hier ihren Platz fand
zwischen den weißen Häusern am Meer.

Ruhig atmet das Bild, bewacht von einem Männlein
aus Pappe. Ich frage dich, was sollen wir retten?
Das Gesetz wartet auf seine Zerstörung, der Plan
vernichtet sich selber, die Form löst sich auf:
noch bewundern wir die Teile, die Bewegung,
die ruhig die Teile ordnet, bewundern wir mehr.
Uns interessieren die Reste: ein wüster Ausriß
aus einer alten Zeitung, ein morsches Hölzchen,
das Skelett eines Fisches am Strand: Zeichen
für etwas, das sich nicht ausdrücken kann.
Uns interessiert z. B. die Welle unter der Welle,
die zweite, die mächtig die Macht der ersten bricht.

So wurde es Herbst in den Bildern, die Farben
begannen zu wuchern, das Herz bewaffnete sich:
du weißt, was ich meine, der Raum im Raum

wurde größer und größer, wir wurden kleiner,
ich entschloß mich, die schwarzen Engel zu fliehen.
Nur kommen wir nicht weit ohne Bilder, schon

hält ein Spiegel uns auf, eine zufällige Scherbe,
die uns zurückwirft. So sahen wir aus? Ungläubig
und wie von Sinnen, das Herz kochte blasig
unter der trockenen Haut. Risse im alten Brot,
tote Wespen im Weinglas, ein verzweifelter Horizont.
Nur das fertige Bild träumte sich ein in die Welt.

Chinesisches

Die Bücher fangen am Ende an.
Von der Höhe, wo Phönix und Drache wohnen,
erscheint die Erde dir klein:
die Dächer verfault, die Balken morsch,
zugewachsen die Wasserbecken.
Wenn der Wind wütet und der Regen
zur falschen Zeit fällt, kann das Volk
nicht in Ruhe leben.
Eine Tusche ohne Schatten, Steine, Steine.
Ein Knabe hat sich aufs Eis gelegt,
um es zum Schmelzen zu bringen,
schon zappelt der Karpfen im Topf.
Eidechsen müssen die Wünsche der Menschen
erfüllen: Reichtum, langes Leben, Ruhe, Tugend,
würdiger Tod. Die Toten nehmen den Lebenden
die Erde. Bäume werden verehrt,
der ewige Pfirsich, der durch Lernen
verwandelte Mensch. Mach dich älter
als du bist, hier liebt man das Alter.
Mit Fuchsfleisch wird sinnloses Reden geheilt.
Wenn du das Leben nicht kennst – wie willst du
den Tod kennen? Eine Wolke zerschneidet
die Landschaft, ein Baum wird gebeugt,
davor ein Pferd mit geschwollenem Rücken,
ein Kamel, Tiger und Drachen, Haut wie matte Perlen.

Laß die Tür einen Spalt offen, daß der Geist
der Tür eintreten kann, Hut und Gürtel
lege nicht ab, du beleidigst den Hausherrn.

Iß deine Worte auf und bring dem Papier
die gebührende Achtung entgegen: schütz es
vor übler Verwendung. Schlage den Nagel
nördlicher in die Wand, bette dich im Süden.
Wer stirbt, geht nach links ab, nach rechts,
wer am Leben bleibt. Weiß ist in China
die Farbe der Trauer.

Herbstbild, mit Memling

Wie Blätter, die im Oktober lautlos
brennen mit tausend Flammen,
spricht das Vergessen vor und nennt
die Namen. Wie reich die Welt
sich zeigte noch im Schatten!
Und ein Kalender zählt die Stunden
jeder Träne, die aus dem offnen Auge
rollt und nichts ersetzen kann,
vor allem nicht die Liebe.
Zu oft, das ist die Botschaft
dieser Bilder, hat sich das Neue
frech maskiert mit Farbe,
bis schließlich eine schwarze Fläche
übrigblieb, die jeden Stein
und jedes Blatt verhüllte.
Ein schwarzer Vorhang vor der Welt,
der langsam wächst, doch schneller
als das Licht, in dem sie sich
bewähren sollte.

Dorfkino

Die Tür zum Garten wurde aufgestoßen:
Vögel flogen auf, alberne Schwalben
und Rotkehlchen in vollem Ornat.
Dorfkino, bezahlt wurde mit Äpfeln
und aufgescheuerten Knien. Dann kam
der andere ins Bild, der, der man nicht
war, der Mann mit der Leiter,
der in die Erde stieg, noch lang war
sein Husten zu hören. Er hat sich
wahrscheinlich verirrt und kehrt
dort nach oben zurück, wo ihn keiner versteht.
Sein Porträt hing an Kirsche
und Pappel, bis es Ameisen Stück
für Stück wie ein kostbares Fresko
abtrugen und unkenntlich machten.
Nur die unverwüstlichen Nägel
steckten noch lange im blutenden Holz.
Am Abend, wenn das Licht gefaltet
war, Ecke auf Ecke, klopfte einer
an die vordere Tür, der hatte noch Dreck
am Stecken und unter den Schuhen.
Er brachte Gerüchte mit, versteckt
unter der Zunge, die tauschte er
ein gegen Brot. Laut Großmutter
war er früher ein Dichter, einer, der den Blumen
Worte anhängt, bis ihre Köpfe brechen.
Ab '49 war das Kino geschlossen.

Ohrenbetäubende Stille

Wieder einmal las ich in der Geschichte
des Vergessens. (Man muß sie im Schein
von brennenden Kerzen auf Bildern
lesen, vorzüglich aus Hollands großer Zeit.)

Von einem Schrei war die Rede,
der beleidigend stumm durch die Träume
zog. In Ägypten, Griechenland, Holland
war er bekannt, in Frankreich versuchte man

ihn in ein Bild zu locken, doch
widerstand er allen Farben des Schmerzes.
Sein Erlösungsbedürfnis war gleich Null.
Zuletzt sprach man in Deutschland

von ihm hinter vorgehaltener Hand.
Überall hungrige Ohren! Wie der Schrei
in die Geschichte des Vergessens geriet,
darüber schweigen die Herausgeber sich aus.

Tage

Ambach
Auszug

1

Wir stehen am Fenster,
das Wasser gegen uns,
das leichtsinnig dem Land das Wort
entzieht. Vom See aus gesehen
werde ich kleiner, schneeiger
im Gegenlicht, ich verdunste.
Die letzten Worte springen wie Kiesel
über das Wasser, helle Abdrucke
im zitternden Tuch über dem See.
Keinen Namen hab ich mehr,
deiner nun auch gesunken.

2

Am Abend ist es leicht, vom Herzen des Sees
zu sprechen: sein gleichmäßiges Schlagen
unter der Oberfläche kann jeder fühlen,
der den mächtigen Körper berührt.
Auch über seine Sprache läßt sich reden,
die eigensinnigen Satzfetzen, die über ihn
hinweghuschen, sind verständlich.
Nur die Augen mußt du dir denken,
sie bleiben unsichtbar. Endlich erreichst du
mit langen, gleichmäßigen Zügen das Ufer,
unbemerkt gehst du an Land.

3

Ich werde meinen Namen über das Wasser
sprechen … Nichts liegt näher, als diese Idee
zu wiederholen, auch wenn das Echo ausbleibt.
Also beginnst du zu sprechen, Wort für Wort
füllt sich der See. Wie eilig du es hast!
Mückenschwärme bringen die Luft zum Tanzen,
die Fische durchstoßen wie toll die Grenze,
alles gerät in Bewegung. Nur du kannst nicht
mithalten, wirst ruhiger in der Unruhe, bis dir
die Worte fehlen. Es wird lange dauern. Nachts
kommt dein Name zurück. Du erkennst dich nicht wieder.

4

Der Tanz der Staubkörnchen drinnen,
draußen die Mückenschwärme. Nichts,
was sich erfolgreich verbirgt.
Ein einzelnes Wort schlängelt sich
durch die Masse der anderen Wörter.
Der See bleibt ruhig: freundlich hütet er
den Nachlaß des Sommers auf seinem Grund.
Schon berühren sich Ferne und Nähe,
dann wird alles eins vor den Augen.
Die Katze bringt eine letzte Maus,
dann schließt sich über dem See die Welt.

5
Hätte ich sagen können, das Wasser
nehme die Berge auf? Welche Vergeudung
am Schilfufer, wo die Rauchsäulen wachsen,
trotz des Schwindels der Perspektive.
Alle Fragmente besetzen die Oberfläche
und fallen zusammen in ein Leben,
das ich nie führen wollte. Das Boot
fährt vorbei. Aber ich spüre ein Winken,
wie eine Lektion, die nicht zu lernen ist.
Es ist wieder die Stunde des Abschieds
der Bilder: jetzt wollen wir sichtbar werden.

6
»Die Menschen sterben wirklich,
nicht nur einige, sondern alle,
jeder von uns, wenn er an der Reihe ist.«
Nur die Probleme werden gestellt,
die sich lösen lassen. Oder alle,
die gestellt werden?
Etwas wie Rauch liegt über dem See,
der nicht mehr empfänglich ist
für den Blick: die Köder des Glücks
sind ausgeworfen, wir warten,
bis sich der Rauch verzogen hat.

7

Einer der Tage, an denen du dich selbst
überzeugen mußt. Vielleicht ist die Tasse
das bessere Argument, eine alte Jacke,
an den Armen zu kurz, oder die Zeit.
Gegen deinen Willen bist du machtloser
denn je: wie ein Schaf in einer Herde
von Schafen, die durch die engen Gassen
eines Dorfes treibt. Nichts mehr bedeuten,
etwas sein. Eine späte Fliege summt
durchs Zimmer, der See ist ruhig,
Tasse, Jacke, Zeit sind unberührt.

8

Hier fließt alles zusammen
übers Jahr im Spiegel der Jahreszeiten;
schäumend, dann wieder gleichgültig
hebt sich die Decke, atmet schwer
im Herbst, wenn wir die dünnen Reste
des Lichts mit den Blicken hervorzerren.
Auch die Stimmen werden dünner,
die sagen, das Volk sei ein Kind.
So wie die Dinge liegen, liegen sie
schlecht. Nur die Begriffe mästen sich,
als wüßten wir nicht ihre Geschichte.

9

Gegen den Wind steht, hoch über den Bäumen,
die Krähe, den Kopf leicht nach vorn geneigt,
geduldig vor meinen ungeduldigen Blicken.
Ich mache ein Zeichen, die Bö unterbricht sich,
wie ein Stein fällt der Vogel, fängt sich spät,
läßt sich mühelos nieder vor meinem Fenster.
Wir schauen uns an, der Vogel und ich,
ich darf mich nicht rühren. Die Krähe äugt
auf meinen Schreibtisch, Wirrsal und Wust,
plustert sich auf und nimmt den nächsten Wind
vom See. Heißt das, mein Leiden steht mir nicht zu?

Römischer Winter
Auszug

1

Wie lange ich über dem Papier brüte,
ohne etwas zu schreiben. Ich bin ruhig,
das Papier wird ungeduldig, rollt sich ein.
Wenn jemand anruft, antworte ich kurz:
Ich muß arbeiten, bitte laßt mich allein.
Wenn es dunkelt, sehe ich mich rauchend
im Fenster. Erkennst du mich wieder?
Die Hand streift den Hals. Zu Hause wird
jetzt der Lorbeer verteilt, aber von wem?
Und mit welchen Gesten wird er angenommen?
Wie angenehm, weit weg zu sein. Draußen
fährt der letzte Bus vorbei. Der letzte.

2

Nach Regen riecht die Straße am Abend
und nach tiefer Gelassenheit: du bist
gewarnt. Keine Zwiesprache ist zwischen
den Dingen, und deine verletzende Ruhe
hält keine Verbindung zur Welt. Schwer
fällt es, zu den Regeln zu stehen,
die tagsüber Gesetz waren, leicht war es,
ihnen zu folgen. Jetzt drängt etwas
Verschollenes hervor, uralte Erbschaft,
die dich zwingt, einen anderen Weg
zu nehmen. Kein Regen wäscht die Angst
aus der Erinnerung, die Schritt hält.

3

Er hatte keine Schüler, keine Gehülfen,
nur Nachahmer. Steine, Pflanzen, Kräuter,
den angespannten Muskel eines Mörders,
den fahlen Glanz im Auge einer Kuh
und immer wieder stark gerunzelte Stirnen,
alles entwickelte er selber
im magischen Dreieck seiner Malerei.
Mit der Allegorie (die Liebe triumphiert
über die Kunst) malte er auch ihr Ende:
die Natur hatte ihn ausreichend
mit Lehrmeistern versorgt. Die Polizei
führt die genaue Akte seiner Leidenschaft.

4

Einem Kellner des Albergo del Moro
wirft er eine Schale Obst an den Kopf,
später erschlägt er den Kollegen Tommasoni,
dazwischen malt er die Wahrheit: so rein,
daß wir beschämt uns abwenden müssen.
Viele seiner Bilder wurden entfernt
oder gereinigt, aber der Sohn eines Maurers
ließ sich nicht abwimmeln. Nur einmal
malte er eine künstliche Lichtquelle
(eine Fackel), sonst natürliches Licht
oder übernatürliches, um die sieben Werke
der Barmherzigkeit erstrahlen zu lassen.

5

Ähnelt das Bild, das ich mir von dir mache,
dem Bild, das du dir von mir machst?
Wenn es so wäre, würden wir Selbstkritik
üben, sooft wir uns kritisieren: ich liebe dich,
während du noch unschlüssig bist.
Schnell einen Spaziergang machen, aufrecht
die Menschen mustern: was denken sie von dir,
einem aufrechten Deutschen, der sie so offen
begafft? Besser zurück, telefonieren, natürlich
bist du nicht da. Ich lasse es klingeln,
bis dein Bild mir vor Augen steht, und frage:
Was denkst du, wenn du an mich denkst, über dich?

6

Wie gelähmt. Hier soll der Schrecken
beginnen und das rettende Wunder.
Was weiß ich. Kaum zu glauben aber,
daß diese Art des Meinens überlebt.
Unter der kurzen Überschrift der Angst
hat sich zu viel versammelt: kleine
mythologische Bilder, Todesgeschrei,
eine Larve, aus der etwas werden sollte.
Wie gelähmt hör ich der Sprache zu,
dem Rauschen aus ihrem verwachsenen Leib,
dem schweren Atmen, der Unterbrechung:
in diesem Bilde wird der Tag entschieden.

Idyllen und Illusionen
Auszug

1
Wieder läuft der herrenlose Hund vorbei,
das Fell voller Kletten, wie jeden Abend.
Er muß tagsüber im Wäldchen streunen,
die übrigen Tiere erschrecken. Ein Ohr ist
zerrissen, ein Auge blind, nicht gerade
ein schöner Anblick. Manchmal kommt er
durch das Loch im Zaun, legt den Kopf
schief und schaut blöde zu mir auf.
Ich sage dummes Zeug zu ihm, das er
gerne hört. Nur wenn ich aufstehe,
um Fressen zu holen, macht er sich fort.

2
Heute bleibt er, legt den zottigen Kopf
auf die Pfoten, blinzelt schräg in die Sonne,
die zu rot versinkt. Woher kommst du,
frage ich. Er seufzt so heftig, daß Staub
aufwirbelt, das ist alles. Essen, frage ich.
Müde ist er, sauertöpfisch. Hast du genug
vom Leben, frage ich, genug vom Ungeziefer?
Von Straßen, Plätzen, Sonnenuntergängen?
Genug gesehen und gerochen? Zweifelnd
schaut der Hund mich an, erbarmungslos,
dann steht er zitternd auf und trollt sich.

3
Ich bleibe sitzen, schau ihm lange nach.
Wie ist dein Name, frage ich ins Blaue,
du mußt einmal gerufen worden sein –
Hektor, Anton, Hund, Odysseus, Bärlein?
Odysseus sei dein Name, lahmer Hund,
dann kannst du was erleben in der Zukunft.
Wirst nach Hause finden bald und Ordnung
stiften, niemals altern, nie mehr lahmen.
Wirst erzählen, wie es dir ergangen in den
Wäldern und von einem Mann berichten,
der dir eines Abends einen Namen gab.

★

Unaufgeschnittene Bücher, Besessenheiten,
die nur die Käfer lesen und die Silberfische,
wie stille Kommas zwischen den Begriffen:
Gut und Böse; Schön und Häßlich; Nützlich,
Schädlich, die ganze Litanei der Nachahmung
Gottes. Und die Hand, die schneidet: Freund
und Feind, der Angreifer, Angegriffene.
Und was keinen Namen hat? Erhält einen Namen:
der Andere, der Fremde, Mann-ohne-Namen,
der stumm auf dem Boden hockt und
mit dem Finger in den Staub schreibt.

*

Besuch vom Wahrheitssucher. Der Mann
hat Zeit. Betrachtet die Wäsche auf der Leine,
die baumelnden Hemden, drolligen Hosen,
drückt seine dicken Finger auf die Scheibe
und verflucht sanft die Schulweisheit.
Das Übel entspringt der Auslegung, sagt er,
baue nie ein Haus, verknüpf dich nie
mit deinem Vaterland; die Sätze haften nicht.
Es gibt Menschen, die sich sattessen
an ihrer kleinen Wahrheit, und immer noch
feister werden, wenn sie nur träumen.

*

Die Würde altert, rissig wird
der Weltenmantel, dünn der Stoff
der Liebe. »Unbekannt verzogen«
steht auf Briefen, die sich den Platz
mit Bankauszügen teilen. Probleme?
Selten. Ein rechtschaffener Mann,
in Liebe gealtert, so die Bücher.
Dann fiel er aus der Transzendenz
aufs Pflaster, ein klarer Fall fürs
Rote Kreuz. Und seine Schriften?
Material für Kränze.

Meditationen unter freiem Himmel

für Rolf Boysen

I

Die Helligkeit ist endlich bereit,
sich dem Dunkel zu öffnen,
wie eine höhere Mechanik es befiehlt.
Vom Wald her höre ich
das trockene Husten der Rehe,
in der kupfernen Dämmerung
lösen die letzten Bindungen sich auf.
Es gibt keine Regeln,
an die man sich halten darf,
das ist die letzte Botschaft
aus der rasenden Zeit.
Über mir, im kindlichen Himmel,
steht ein Hubschrauber,
Armee oder Archäologie, das ist jetzt egal.
Früher haben hier Menschen
gesiedelt; manchmal treten sie
noch heute im Dunkel aus dem Wald
und klappern mit ihren alten Knochen.
Der Boden hat Hitze gehortet.
Die Erinnerung geht in Sprüngen,
damit ihre Füße nicht verbrennen.

2

Wenn der Mohn die Farbe verliert
und der Lavendel ins Ungewisse greift,
wenn der Geheimbund der Maulwürfe tagt
und die ehrwürdige Wissenschaft vom Widerspruch
unserem Bedürfnis nach Ruhe weichen muß,

wenn dem Engel, der das Tor bewacht,
das rostige Schwert aus der Hand gleitet,
wenn der Chor der Bienen den Garten verläßt,
um noch rechtzeitig zur Probe zu kommen,
wenn die großen Aufklärer in meinem Buch
ihre Bärte ablegen und zu Misanthropen werden,
die das Licht von Glühwürmchen erhoffen,
dann schaue ich, zu müde, um über die Natur
des Bösen weiter nachzudenken,
den Fledermäusen zu, die der Nacht,
die sich schamhaft wehrt, die Hand lesen,
ohne etwas über ihre Zukunft zu verraten.

3
Über mir, in der breithüftigen Krone,
quasseln die Vögel. Eine Geschichte,
die mir bekannt vorkommt, Homer,
bis an die Zähne bewaffnet
mit hellen Lauten. Zu Hause wird
ein Haushaltsloch gestopft,
andere schließen eine Gesetzeslücke
in der Zeit, die mein Leben war.
Es riecht nach frisch geschlagenem Holz.
Und Holz, wie du weißt,
arbeitet auch nach dem Fällen.

4

Unten, am Fuß des Hügels, der mein Haus ist,
gehen die alten Wege des Brots und der Grütze
mitten durchs Feld. Sonnenblumen, Soja, Weizen,
und an den Rändern Rosenstöcke, am Kreuz,
damit die Wallfahrer auf Schleichwegen
zurückfinden aus der Galeere des Glaubens.
Hier soll sich nichts ereignen, hier ist es:
Wolken liegen am Horizont wie verlorenes Gepäck,
der Ölbaum lehnt schwer auf der Mauer,
vom Steinbruch belagert, der an Akanthus erinnert,
und überall wird das Ende der Klagen geübt.
Mittags ist die Welt leer. Sie spricht nicht.
Sie will nichts mehr sagen. Sie bereitet sich
stumm auf ihre Verwandlung vor.

5

Das tägliche Spiel der Turmfalken,
ein Bild, das sich aufbaut und löscht
im Luftraum zwischen den Wassern,
das sich aufbaut und löscht.
Auch sie umarmen, umgarnen
mit dem eigennützigen Faden der Flugbahn
eine immer enteilende Welt.
Augustinus lacht.
Ich lebe in drei Welten: in dieser hier,
im Schatten unter dem Maulbeerbaum;
in der Welt meiner Gedanken
(*it was the world in which I walked*)

und in der Welt der Bücher, in der ich lese,
was geschah, als ich, auf kurze Zeit,
das Leben eines Vogels führte.

6
Hundertmal übt der Pirol
das Unglück der Meisterschaft.
Dann stürzt er eilig davon,
ein gelber Riß im Universum,
der nie mehr verheilt.

7
Im Teich die reglosen Molche,
von Wasserspinnen umkreist,
sie ersetzen die Uhr. Eine Maus
ist ertrunken. Wespen bilden
eine Jakobsleiter, damit ihre Seele
aufsteigen kann. Einen Segen,
heißt es, kann man nicht widerrufen.
Aber was gibt uns das Recht,
fast alles zu verraten, um uns
zu retten. Ach, wie ich die Nacht
herbeisehne, die gute Nacht des Denkens,
wenn die Geschichte schläft.

8
Der Sturm wirft uns die Kirschen
ins Gras, ihre unsagbare Süße.
Am Morgen ein Tag aus Schiefer,

gestuftes Grau, das die Haut der Dinge
in einem anderen Licht zeigt.
Zeit, hinüberzutreten in die andere Zeit.
Mittags im Hof Schattenkino,
meine Faust spielt mit.
Und die Sperlinge, geflügelte Worte,
bereiten fröhlich die Totenrede vor
auf den sich entziehenden Sommer.
Wäre da nicht, am frühen Abend,
die eintönige Liturgie des Regens,
man könnte den Glauben verlieren.

9

Tief fliegen die Schwalben. Oben,
wo die Falken den perfekten Kreis üben,
gibt es nichts mehr zu holen.
Ein Kind sagt: Ich möchte Gott
einmal klein sehen, und hält
zwei Finger übereinander.

10

Auf dem Heimweg, der nicht nach Hause führt,
weil sich das Haus, das eng bemessene,
einen anderen Mieter suchen durfte, sah ich
den Krähen zu, die mit weiten Schwüngen
ihr schwarzes Epos in den Abend schrieben.
Die Luft begann zu glühen. Und die Sonne,
schon nicht mehr sichtbar, schickte ihre
Stellvertreter, um zu zählen, was noch war.

Die Dinge müssen schweigen. Und dennoch,
sagten die Steine. Und trotzdem, das Holz.
Laß sie reden, dachte ich, bleibe stumm,
denn wenn du den Dingen Worte leihst,
sprichst du nur noch von dir selbst.

II
Einer erzählte Geschichten.
Das Ziegenfell der Wolken,
das hab ich mir gemerkt.
Als Gast war er Anfänger,
aber als er endlich ging,
war der Wein sauer
und das Brot hart wie Stein.

13. Januar 1995

Im grellen Schneelicht rote Vogelbeeren,
daneben Schlehen, blauschwarz glänzend
in der Wintersonne. Kein grünes Blatt
mehr hält den Blick auf, der ungesättigt
durch die Äste wandert. Das stete Suchen
macht die Sehnsucht dürr und schäbig,
die wie ein alter Wintermantel
dich nicht wärmen kann.
Du streckst die Hand aus, wartest
auf die Stimme, die dir vorsagt:
Schlehen, Schnee und Vogelbeeren,
das muß genügen. Sprich es nach.

Grenzen

Unterhaltungen kurz vor der Grenze

für Urs Widmer

I.

Die Bücher, sagte sie unvermittelt, sind der Menschen
leid geworden: sie sind heimgekehrt,
müde vom Zwang zu erfinden. Ihre Selbsttäuschung hat die Seiten
gebleicht, die geisterhafte Harmonie ihrer Rücken,
sagte sie, macht mich wahnsinnig, ihre Ruhe,
die getrocknete Lava aus Schweiß und Gedächtnis,
und dazwischen ein weißes Geheimnis:
ein schmerzend weißes Geheimnis, sagte sie,
das Dir die Augen ausbrennt.
(80 km zur Grenze: ob ich anhalten soll.)
Ihr Zustand ist der vollständiger Vergeblichkeit usw.;
nur in diesem Zustand ist ihre Sprache entzifferbar,
im vollständigen Verstummen, ob ich das kenne.
Kennst Du das Gekreisch der Bibliotheken,
die entzündeten Nerven dieses gigantischen Gedächtnisses.
Ja: das zweite Kapitel bibliomanischer Physiologie.
Unsere Unterhaltung ging über Tage, voller Angst
vor Unterbrechungen, Pausen, Ergebnissen. (Plötzlich:
im letzten Dorf vor der Grenze:)
Sie wolle jetzt aufhören zu reden.
Reden sei ihr zunehmend zuwider geworden, sogar Schreiben,
aber in erster Linie das Reden wolle sie einstellen: (Du
kennst das doch, die Arroganz des Redens und des Redenden).
Nicht so sehr das alltägliche Reden meine sie,
die wüste Sprache,
sondern die allgemeine Rede: das ununterbrochene Gemurmel
der Wörter. Ich solle ihr helfen, sie zum Schweigen bringen.

(Ein Schweigetraining!) Du kannst mich im Schweigen
trainieren. (Brancusi, sagte sie, die unendliche Schweigsamkeit
seiner unendlichen Windungen!)

Ich schwieg.

Du mußt Worte reizen, sagte ich, Du mußt ihre wimmelnden
Bedeutungen sabotieren, Du darfst ihre Demütigungen
nicht hinnehmen, schrie ich sie an, vor allem nicht
durch Schweigsamkeit. Dein Schweigen, sagte ich, ist Teil
dieser Zivilisationsrede, Dein Lachen und Schreien
ist die reine Literatur. Dein Schweigen, sagte ich,
ist der letzte Versuch, der lächerliche Versuch, noch einmal
ins Zentrum zu kommen durch Verneinung.
Ja, sagte sie, wie ein Stern, wie ein erlöschender Stern,
wie ein müde gewordener Komet im Moment des Erlöschens:
inmitten der Turbulenzen müde werden und erlöschen.
Ganz langsam wolle sie, sagte sie, über die Seiten rutschen,
über den Text zurück in die Rede,
und dann wolle sie über den Rand kippen mit einer
ungeheuerlichen Explosion:
auf diese Weise wolle sie die Sprachlosigkeit zum Reden
bringen, zum Kreischen: und ich in der Mitte, sagte sie,
im toten Zentrum, in der kühlen Sanftheit
des Schweigens.

2.

Um acht Uhr, nach Einbruch der Dämmerung,
erreichten wir die Grenze. Wir sahen die steinige Ebene
und den ausgetrockneten Fluß, den reinen sehr gleichmäßigen
Horizont: eine riesige Leinwand,
quer vor die Landschaft gestellt. Das war der Horizont,
den sie gesucht hatte. Wir beobachteten die Reifenspuren,
die Verwischungen, den leisen Sand: die vollkommene Erschöpfung
des Sandes. Das ist der Horizont, den ich gesucht habe,
sagte sie und schwieg. »L'utopie,
comme la mystique, s'achève dans le silence.« Die Zöllner
hatten das Auto auseinandergerissen, wie üblich,
sie standen hilflos in der Dunkelheit herum. Sie fühle
sich ausgedacht, sagte sie, schamlos entworfen. (Die Grenze
war in der Dunkelheit jetzt vollständig verschwunden.)
Seit Monaten habe sie das Gefühl der Parzellierung: das eine
ganz ohne das andere, jedes für sich. In der Straßenbahn
nur Gesichter, im Kino nur Hände: Eine Leinwand voller Hände
in Farbe. Diese Aufsplitterung sei ihr wie ein Pilz
über den ganzen Körper gekrochen. Auch ihr Schmerz habe sich
abgelöst, seit einiger Zeit könne sie ihren Schmerz
beobachten, die Augen aber sähen von sich aus, ihr Gehirn
sei eine selbständige Einheit, alle Sinne, sagte sie
in die Dunkelheit hinein, wirken getrennt, meine Nerven,
sagte sie, liegen buchstäblich frei: Ich kann meine Nerven,
kicherte sie, experimentell erschlaffen lassen, die Folge
dann Stumpfsinn und Lethargie, und ich kann
sie künstlich erregen, die Folge dann Wahnsinn.

»Nach einem Wutanfall wurden Menschen für mehrere Jahre
stumm. Der Zorn vergeht mit seinem Gegenstand«, aber
das ist nicht wahr: der Gegenstand bin ich selber.
Der Wutanfall hat im Gehirn stattgefunden, das Gehirn
angegriffen: seine Spur kann nicht ausgelöscht werden.
Ein Putsch der Nerven, sage ich unsicher. »Ich habe Hühner
ohne Kopf noch laufen sehen.« Der Schmerz, begann sie wieder,
sei gewissermaßen ein Schatten, und sie neben ihm,
in greller Beleuchtung. Sie könne die Lichtquelle
nicht mehr abdecken, nachts läge der Schatten sozusagen
auf ihr drauf. Das mache ihr Angst. Ich liege dann sehr ruhig da,
sagte sie, bis ich die Nerven wieder fühle. Sie spüre dann,
wie die Nerven das Gehirn boykottieren, wie nichts
mehr durchkomme. Die Begierden bleiben dann im Körper
stecken, die Einbildungen, Affekte, das Gedächtnis. Nur die Angst
käme durch, könne sich mühelos befreien.
Du bist krank.
Ich bin nicht krank, sagte sie, die Aufsplitterung habe nichts
mit Krankheit zu tun. Die Aufsplitterung
komme ihr geradezu natürlich vor. Mehr noch: seit sie
diese Phänomene kenne, sei sie gegen Krankheit immun.
Ich bin jetzt im Zentrum der Krankheit angekommen,
schrie sie, jeder weitere Schritt ist ein Gesundungsprozeß.
Sie sei sehr lange krank gewesen, jetzt aber
auf dem Wege der Besserung. Die Krankheit, die ehemalige
Krankheit, habe sich selbständig gemacht: Die Krankheit
hat jede Verbindung zu den Nerven abgebrochen.
Daher die Verwirrung: die vollkommene Gleichmäßigkeit
und die vollkommene Verwirrung.

Ich war müde geworden. »Das Gefühl«, zitierte ich,
»einer unüberbrückbaren Kluft zwischen Bewußtsein
und Gehirnvorgang.« Dann schliefen wir ein.

3.

Am nächsten Morgen, im Hotel, beobachteten wir erschrocken
das Viereck des Fensters: eine Baumkrone, zwei
unbewegliche Vögel im oberen rechten Winkel, eine Wolke –
ein seltsam erstarrtes Bild. Wir selbst lagen im Vordergrund
dieses Bildes, schweißnaß und erschrocken. Die geringste
Bewegung, sagte sie, bringt die Perspektive durcheinander,
alle Wiederbelebungsversuche sind verboten.
In absoluter Ruhe sei das Viereck das vollkommene Abbild
ihrer Phantasie, eine makellose Kopie ihrer nächtlichen Idee
von der Zukunft. Du mußt Dir mit den Augen
die Zukunft ins Gedächtnis zurückholen, sagte sie,
Du mußt dieses Bild einsaugen, es ganz besetzen, Du mußt
die Zukunft zurückrufen in den Körper, Du mußt die Leinwand
in Dir selber aufstellen, den Projektor außerhalb:
erst dann hast Du ein scharfes Bild. Die Zukunft ist müde
geworden in den Büchern, alt in den geschwätzigen Programmen
der Utopie. (Die Vögel waren so plötzlich aus dem Rahmen
verschwunden, daß wir ihre Abwesenheit erst viel später
bemerkten.) Utopie und Zukunft sind identisch geworden,
verblaßte Imitationen von etwas ganz anderem, drittem.
(Was das sei?) Die ständigen Verletzungen haben unser Gehirn
paralysiert, sagte sie, die Verletzung der Hirnlappen usw.

ist geradezu genetisch fixiert, deshalb der Verlust
von Zukunft, deshalb die Unfähigkeit, Utopien auszudenken.
Das ist ein mühsames Unternehmen, sagte sie, die Utopie
zu rekonstruieren, ein wahnsinniges Unterfangen,
ein ganz und gar undankbares Geschäft. (Geschäft?)
Der historische Charakter der Utopie, ihre abbröckelnden
Farben, ihre alte Form, ihre Dekadenz, ihr sagenhaftes Alter:
die Utopie ist ins Greisenalter getreten, lachte sie,
sie hat sich, um überleben zu können, angepaßt. Krumm
und mickrig folgt sie uns als dünner, zitternder Schatten.
Das ist aus ihr geworden, schrie sie jetzt, ein dünner
zittriger Schatten, eng an den Körper gepreßt aus Angst
vorm Erlöschen. (Die Wolke hatte sich jetzt aufgelöst,
nur die Baumkrone war noch sichtbar.)

Kennst Du diese Geschichte: »König Tameamea auf den
Sandwich-Inseln suchte bei Gelegenheit der Geburt eines Kindes
(1800) eine ganz neue Sprache einzuführen, aber
die dadurch hervorgerufene Verwirrung wurde so groß, daß
mächtige Häuptlinge das Kind mit Gift aus dem Wege räumten.«

Sie müsse augenblicklich das Zimmer verlassen, sie müsse
sofort unter Menschen, sie müsse raus aus diesen Geschichten.
Eine milchige Sonne hatte sich in das Viereck geschoben,
alles war plötzlich verrutscht: wir sind aus der Perspektive
gedrängt worden, sagte sie, dann verließen wir das Zimmer
und gingen zur Grenze.

4.

Am Schlagbaum der Zöllner, neben ihm unser Auto.
Sonst nichts, selbst die Spuren waren verschwunden,
der Horizont verhangen. Als ich startete, sagte sie,
sie wolle zurückfahren. Die Reise sei für sie zu Ende,
es lohne sich nicht, die Reise fortzusetzen. Ich wendete
und fuhr zurück, im Rückspiegel sah ich das verdutzte Gesicht
an der offenen Schranke. Schweigend und erschöpft
erreichten wir die Stadt.
Nichts kam mir natürlicher vor.

Archäologie

1.

Das ganze Jahr über ('75) wollte ich
ein politisches Gedicht schreiben über

Deutschland; es sollte Die Unnatürliche Wärme
heißen und war gedacht für einen Freund in

Kalifornien, der nicht nach Deutschland
kommen konnte in diesem Jahr, der nicht

durch Deutschland reisen konnte in diesem
Jahr, um die Veränderungen selber zu sehen:

das Gedicht sollte die Lücke füllen
zwischen seinem letzten Aufenthalt hier

und dem nächsten, damit er nicht erschrickt
und sofort zurückfährt das nächste Mal

oder hastig auf seinem Ticket nachschauen
muß, ob er in einem anderen Land gelandet

ist, etwa. Das ganze Jahr über sammelte ich
Material für Die Unnatürliche Wärme über

die unnatürliche Wärme, die sich ausgebreitet
hat über Deutschland: in den Zeitungen und

Zeitschriften, den Wohnungen und auf der
Straße, in den Köpfen und in der Rede über

die große Kälte, die sich ausgebreitet haben
soll in den Zeitschriften und Zeitungen,

auf der Straße und in den Wohnungen, in der
Rede und in den Köpfen. Pünktlich jeden Ersten

setzte ich mich hin und sichtete das Material
für mein meteorologisches Gedicht: die Notizen

über den Wind, der uns mit plötzlicher Heftigkeit
ins Gesicht bläst; über das rasch sich ausbreitende

Tief und den damit zusammenhängenden Wetterum-
schwung; über die kalte Meeresluft, die aus Südwest-

europa kommt und nach Nordosten fließen soll;
über die Klimaschwankungen und sonstigen meteorolo-

gischen Einbrüche. Ich wollte versuchen, die sich
ausbreitende Angst vor der angekündigten Kälte

zu beschreiben und was die Angst angerichtet hat:
daß alle plötzlich näher zusammengerückt sind,

um sich einander zu wärmen; daß alle sich plötzlich
vermummt haben und kaum noch wiederzuerkennen sind;

daß kaum einer mehr auf der Straße zu sehen ist;
daß die wenigen zum Himmel starren und die Forma-

tionen der Wolken interpretieren; daß, als Folge
der Angst vor der angekündigten Kälte, es im Sommer

in Deutschland so aussah als wär schon Dezember. Man
flüstert wie im Winter, hatte ich mir notiert, dabei

brennt die Sonne heißer denn je. Es sollte ein Gedicht
werden über die sich ausbreitende Macht der Meteoro-

logie und ihre nachweislich falschen Prognosen.

2.

Am Ende des Jahres, am 16. Dezember 1975, wurde mir
der Koffer mit meinen Aufzeichnungen am Flughafen

Tegel gestohlen. Mißmutig saß ich in einem Hotel in
Littlehampton, an der Südküste Englands, Europa

gegenüber, draußen war es kalt und es goß in Strömen,
und überlegte, ob man den Golfstrom umgeleitet

hat aus klimatischen Überlegungen. Ich las ununter-
brochen deutsche Zeitungen, die mit großer Ver-

spätung eintrafen. Die Archäologie war wiederent-
deckt worden in Deutschland, las ich und dachte unun-

terbrochen an mein Gedicht. So schnell geht die Zeit
vorbei, Donnerwetter. Die Archäologie der Oper. Die

Archäologie des Kinos. Mein großes politisches Gedicht
über Deutschland war beim Teufel. Ich stellte mir

riesenhafte Ausgrabungsstätten vor in Deutschland,
ein vollkommen umgegrabenes Rhein-Main-Gebiet, Baden-

Württemberg ein einziges schwarzes Loch. Die Archäologie
der Zukunft. Auch das vergangene Jahr wurde unter den

verschiedensten archäologischen Gesichtspunkten
beurteilt. Ein merkwürdiges Verfahren. Mein Jahr,

das Jahr meines geplanten Gedichts. Merkwürdigerweise
gab es nur wenig Überschneidungen. In der Beurteilung

des Klimas wichen sämtliche Kommentare von meinen
Beobachtungen ab, z. B. Oder ein anderes Datum, das in

keinem Jahresrückblick berücksichtigt wurde: 1975 war
der Faschismus in Deutschland seit 30 Jahren vorbei. Oder wie?

Stattdessen überall eine lange Liste der Toten: weiß-
haarige Männer und Frauen mit vor Sorge gefurchten

Gesichtern. Ich flog rasch zurück nach Berlin, um
an Ort und Stelle nach meinen Manuskripten zu

forschen: mein geplantes Gedicht würde tatsächlich
eine Lücke füllen im Angebot, wenn es zustandekäme,

dachte ich. Als ich aus dem Flugzeug stieg, wußte
ich: du wirst deine Tasche mit den Aufzeichnungen

nie wiederfinden, nie. Es war saukalt in Berlin,
besonders in der ausgekühlten Wohnung war es kaum

auszuhalten: Eingemummt in Pullover und Decken hockte
ich mich ans Fenster und dachte schlechtgelaunt

nach über den Verlust meines Gedichts und den
seltsamen Aufstieg der Archäologie in Deutschland.

Wladiwostok – Pompeji

I
Unser Haus hat uns nie gehört.
Es gab einen
dunkel gebeizten Eichenholztisch
mit abgerundeten Ecken.
Es gab Gäste und gierige Katzen,
die wie Nester im Gebüsch hingen.
Es gab im Keller eine Frau

die achtzig Jahre lang treu
die Geschichte begleitete. Mutlos
hörten wir zu mit trockenen Lippen,
die Wände waren dünn, mutlos
hörten wir zu wenn sie sprach
und schlichen uns mutlos nach oben
an die Arbeit: die Übersetzung

des Wunders. Vielleicht hätten wir
beim ersten Rohrbruch kündigen
sollen, bei der zweiten Mieterhöhung,
bei der dritten erzwungenen Harmonie.
Vielleicht nehmen wir die Orte
zu ernst, wo wir uns aufhalten,
die gefeierten Bedürfnisse, die Arbeit:

die Übersetzung des Wunders. Wie
konnten wir so sorglos im Garten sitzen,
verletzbar, keinen Menschen im Rücken?
Die Katze kennt die Beute besser

als sich selbst: Ich liebe dich.
Und jedes deiner Worte ist Propaganda
für die Selbstverständlichkeit,

der ich entkommen will.

2
In der Nähe
gab es ein Flüchtlingslager
(Berlin 1956), hölzerne Baracken
mit Wäscheleinen verbunden:
so also sah Wladiwostok aus
um 1860. Sandwege durch die Furcht
und dahinter die Steppe

und ein riesiger Mund der sagte:
Ich werde dich töten.
Und der Schnee schmolz
zu schnell und gab die Straße frei
für Blut und Hundescheiße,
für die vorsichtigen Entstellungen
auf deinem Gesicht:

Wort für Wort. Der stille Weg
durch den Irrtum. Wir begannen
zu lernen. Wir lasen uns ein.
Stück für Stück gaben wir weg
von uns, die Bibliotheken wuchsen,

wucherten die Steppe zu, erdrückten
die Baracken, dein entstelltes Gesicht,
Wladiwostok unser armes Pompeji
verschwand unter Büchern.
Jede Narbe zeigten wir vor
wie eine Idee: Schau, bevor die Zeit
sie aufsaugt, hab' Erbarmen:
unser Körper war von innen tätowiert
und warf einen Schatten

dem wir entkommen konnten.

3
Ich verließ das Haus
das uns nicht gehörte.
Ich trug eine Maske, lachte,
blind vertraute ich dem Traum
der uns nicht gehörte.

Es war nicht schwer mich aufzuhalten.
Die Maske rutschte leicht
mir vom Gesicht. Es war nicht schwer
die Arbeit aufzugeben. Die Macht
mit der wir uns das Wort verbaten,
war uns zu fremd. Ich ging.
Ich schlief. Ich folgte
einem schwarzen Regenbogen.
Es war nicht schwer.

Die Geschichte ist vorbei,
sie ist erzählt, gereimt
sind ihre Fehler. Was blieb zurück?
Ein Wort? Ein kranker Stolz?
Ein Bild? Ein Bild
mit einer kurzen Unterschrift:
die Übersetzung des Wunders.

Kein Nachspiel. Die Verluste
sind zu hoch, die Katze
hat sich längst davongeschlichen.
Kein Nachspiel. Ich erinnere mich
zu genau. Keine gedankenlose Trauer,
kein Telegramm: Wladiwostok ausgegraben.
Bis hierher. Morgen weiter. Bald zurück.

Entkommen bin ich nicht.

Zurück

Der Schlaf will dich nicht,
Den Hunger hast du vergraben,
Das Auge enttäuscht den Blick.

So betrittst du die Stadt
Wie im Traum: Hast du je
Hier gelebt? Ein belagertes Haus
Versperrt dir den Weg. Wirf
Die Tür zu, sonst ertrinkst du
In einer Geschichte, die dir
Gehört, der du nicht gehörst.

Schlaf. Nimm etwas zu dir.
Dein Auge bricht jeden Widerstand.

Deutsche Geschichte, tiefgefroren

I

Jetzt blühen die Fragen.
Wo verlaufen die einfachen Grenzen?
Wo hört der Reiz auf, wo beginnt
die Korruption?
Warum versteckt sich kampflos die Idee?
Wer hält den Leib besetzt?
Eine Fliege summt in meiner hohlen Hand:
Enttäuschung? Ohnmacht?
Die Ruinen fragen uns, behutsam, trieblos,
warum wir uns verlaufen haben.

Was kommt ans Licht am Ende dieser Wanderung.

Wir gehn den Weg zurück,
das Land ist eingefärbt, kein Bild mehr,
keine Bilder zugelassen. Kein Kind trifft uns.
Die Überzeugung ist nicht tot,
sie hat den Tod erfunden, pflegt ihn,
tatenlos.
Ein Blatt Papier vergibt uns machtvoll
unsre heiklen Wünsche. Und jedes Glück
zerfällt geräuschlos in soziale Reime.

2

Wir kamen also zurück?
Nein, wir ließen uns nieder.
Wir trafen erfolgreich
die falsche Wahl.

Ein Wort hätte uns aufgehalten
in diesem Wintermärchen,
in dieser vernichtenden Klarheit
vor dem Ziel.
Es folgte uns schnuppernd
ein junger Hund. Er kannte den Weg,
gehorsam hielt er sich
an die aufrechten Schatten im Schnee.
Ein einziges Wort.
Wir mußten hart arbeiten,
um nichts zu hören.

Die Nacht
verbrachten wir mühelos.

In unsere Erwartung eingehüllt,
traten wir morgens
vors dunkle Haus des Ziels.
Ein Blick durchkreuzte uns:
unser Weg war abgeschnitten.

Wir blieben. Wir ließen uns nieder.
Wir trafen erfolgreich die falsche Wahl.

Der Hund, winselnd vorm Haus,
entvölkerte schamlos die Gegend.

3
Wo befinden wir uns jetzt?
Die Aufrichtigkeit hat ihren Reiz
verloren an der Grenze.
Und der Rest? Besinnungslos natürlich,
wunschlos, wenn du willst.

Literatur

Sieh da,
die Schrift!
Sie schreibt dich
mühelos
über den Rand hinaus
ins Freie
Deutschland.
Ganz nutzlos
war es nicht
ganz nutzlos.

Zur deutschen Frage

Nicht erst seit gestern. Unverdient weit
  zeigt sich noch immer der Himmel den Städten,
ohne Dringlichkeit, ohne Widerspruch durchschaut
  von unten und oben. So wird die Hoffnung
entlastet.

Nach Jahren wird ein Fenster geöffnet:
  keine Verwandlung, kein Bruch. Nur
die Fragen sammeln sich klarer in deinem Blick,
  wenn die herrschende Antwort versagt: nicht
erst seit gestern, nicht erst seit gestern
  kommt die Zukunft ohne deine Hilfe aus.

Du willst also gehen? Gut. Ich will dich
nicht halten. Teilen wir uns, einig,
  damit man uns besser als Einheit erkennt.

Das kalte Thema unserer gemeinsamen Träume
  kommt plötzlich zur Sprache: entsetzt
läßt du die Klinke los. Komm näher, näher,
  ich kann dich nicht sehen, schließe die Tür,
das Fenster, damit die Dinge sich zeigen:
  Bücher und Kleider, flache Steine, Papier.
Und die Schuhe, die seit Tagen das Bett bewachen,
  und der Mantel, an der Tür gekreuzigt, banal
und verrätselt und zu groß für einen Körper,
  der den Raum verlassen will und bleibt.

Ohnmacht als Andacht.
Freue dich, Narr, es ist alles gesagt –
und dennoch bist du am Leben.
Wenn du willst, kannst du den Raum verlassen.
Geh stolz hinaus in dieses stumme Vaterland.

Freiwillig

So seltsam leer,
    so ausgesagt: die Nacht
doziert am offenen Fenster.
Ich war verrückt,
    dem Text zu lauschen,
der sich ins Reine schrieb.
Der mich den ganzen Winter über
    plünderte, der mir mit
dünner Feder Blut abzapfte,
    Blatt für Blatt.

Der mich zu Reisen zwang
    in andre Städte,
der mich auf Reisen zwang,
    ihm zu gehorchen.
Der Deutschland in zwei feste
    Klammern preßte
und höhnisch Punkte setzte
    wenn ich weiterwollte.
Ich fror. Er schrieb sich weiter.
Ich schwieg. Er schrieb
    mit unsichtbarer Tinte
an den Himmel: kein Mensch
    zwingt dich
dem Text zu folgen,
    der dich zu folgen zwingt.

Elegie

Bozen. Aussegnungshalle:
kein Wort, das mir Eintritt
verschafft. Ein Schlurfen
spricht sich herum hinter
den Bergen, eine Geschichte
fragt nach dem Weg.

Luft, Luft. Hast du mich
hier erwartet, einen Tag zu spät?
Dein gutes blaues Hemd,
die helle Hose. Wohin
mit deiner Hand, die mich
nicht grüßen kann?

Schnee liegt auf deinem Haar,
laß mich dich wärmen.
Gibt es ein Bild von dir?
Die Zeit hat deinen Körper
ausgewechselt. Du bist
als Fremder mir der beste Freund.

Du mußt zurück
nach Deutschland, Vater,
auf meine Seite, wo nicht
gesprochen wird vom Tod.
Du lachst? Dein offner Mund
verdächtigt mich. Zu spät.

Wie klein du bist! Doch
wächst der Mensch im Tod
noch um ein Weniges, so wie
der Tod jetzt wächst in uns:
ein unbescholtner Zeuge
mit hohem Ansehn vor Gericht.

Gefälschter Paß. Schnell,
gib dein Leben, um allem Nachruf
zu entgehn. Zwei Vögel halten Wache
an der Grenze. Und unterm
schwarzen Leib der Wolken
kehrst heimlich du zu uns zurück.

Endlich Erde. Endlich
der Sand in Berlin, hier darfst du
sterben. Schlägst dir den Tod
wie einen Mantel um das Aschenherz –
und gibst dich frei und schweigst:
weil jede Antwort eine Frage wäre.

Hinter der Grenze

Hinter der Grenze, wo die Sonne gierig
das Wasser aus den sumpfigen Gräben trinkt
und die abgeernteten Felder voll sind
von verzettelten Ähren, Roggen und Gerste,
sitzen die Menschen wie Steine, die Gesichter
erstarrt zu dünnen Schalen, und horchen
auf das Gelächter der Vögel. Ach, die Natur
will nicht, was der Mensch will, der Zauber
haftet nicht mehr. Das Gemeinsame verliert
sich in dieser Gegend, sagen sie trostlos
und kauen die salzigen Bärte. Von Tieren
stammen wir ab, heißt es, schuppigen Spinnen,
die einst über den schwach verkrusteten Ball
aus Feuer krochen, den Großen Grund.
Und später sprachen die Toten mit,
lockerten die Erde und gaben Wünsche und Flüche
in den Aufruhr der Wörter. Alles vergessen,
heute ist alles vergessen, der Esel zupft
an den falschen Blättern und wird an den Ohren
gezogen. Und die Gebete, die wir in den Himmel
rufen, kommen ungehört zurück, um die Wiederkehr
des Traums zu verhindern. Flach ist das Land,
eine prächtige Stille. Nur manchmal,
bei günstigem Wind, kommen die Vögel
und bringen mit Gelächter die anderen Lügen.

20. Oktober 1989

Vor meinem Fenster, dicht vor meinen Augen,
schnüffelt der Hund des Orion, der weiße Sirius,
durch die hungrigen Äste, kühl und betaut
in unendlicher Ferne. Verschwommen die Nähe,
die dünne Stimme des Radios: die Hauptstadt
rückt langsam nach Osten, in den Nacken der Welt.
Unbeschrieben wie sie sind verlieren die Träumer
erleichtert die Wette gegen sich selber:
das dünne Eis knistert und bricht
über den Worten. Eine Vergangenheit, ein Weg,
der Verzicht auf alle anderen Wege.
Dann kehren die Vögel zurück, die Wünsche
rücken zusammen und die Wolken.
Es wird hell in der Stube. Selbstvergessen,
angewidert vor dem Sortiment von Launen,
denke ich dem Ganzen hinterher:
zerstückelt zeigt die Welt sich im Gedicht.

Wie spät ist es?

In der Menge am Bahnhof, noch hinter der Sperre,
im diffusen Niemandsland zwischen Gehen und Bleiben,
wo sich die Sprachen vermischen und trüb werden,
flüstert mir jemand zu: Du mußt die Stadt verlassen.
Rauh war die Stimme, dringlich und kalt.
Ich nehme den ersten Zug, der den Bahnhof verläßt,
setze mich, ohne Zeitung und ohne gültigen Fahrschein,
in die muffigen Polster und schaue die Mitreisenden an.
Es gibt keine Begründung, nur ein paar hilflose Worte.
So wie die Fragen sich noch immer wie ein Geflecht
um den Erdball krümmen und die Antworten auf Antwort
warten. Wohin geht die Reise, fragt mich der Schaffner.
Es ist nicht einfach, kein Ziel zu haben, weil jedes Ziel
hat einen anderen Preis. Eine Frau kommt mir zu Hilfe,
sie sagt: Ich steige mit Ihnen aus. Sie zahlt, legt mir
das Ticket wie ein offenes Geheimnis auf die Hand,
die sich krümmt zur Faust. Der Wald rückt eng zusammen
und bildet einen dünnen Steg, über den wir ins Helle
rasen, in den Schnee. Woher kommen Sie, fragt die Frau.
Ja, wenn ich das wüßte, das Vergangene ist zu groß,
um in diesem Abteil Platz zu finden, sage ich,
wie ein Hochstapler, der noch behauptet, was schon
verloren ist. Irgendwann zupft die Frau mich am Ärmel,
wir steigen aus. Gelbes Licht flackert am Bahnsteig,
gelb wächst das Gras aus dem Beton. Und überall Krähen,
ihr Gekreisch fällt in den schmutzigen Schnee.
Wie geräumt sieht das Weltall aus, wie entrümpelt,
sage ich, die Frau lacht. Holen Sie sich noch ein Bier,
zu Hause ist nichts zu trinken. Die »Sonne« ist leer,

nur ein mürrischer Wirt füllt die Gläser, wir trinken
uns zu. Es geht um Ihre Rolle, nicht um Sie, sagt die Frau
und malt mit dünnem Finger ein Wort auf den Tisch,
das Paßwort, das ich nicht lesen kann. Wie spät?
frage ich, aber selbst diese Frage erhält keine Antwort.

Episode

Auch dieses Jahr, mein lieber Freund,
wird die Freude nicht über den Erdball kriechen,
sagte der Mann im Flugzeug neben mir.
Er kam aus Zeitz und trank Tomatensaft,
den er mit Pfeffer würzte und mit Gin.
Und wenn unser Koffer ankommen sollte,
wird er als letzter auf dem Bande kreiseln,
wenn die Frau schon längst gegangen ist.
Ein Schneesturm trieb das Flugzeug vor sich her
und ließ es plötzlich fallen, so daß die Karte,
die seinen Namen trug, zu Boden trudelte.
Macht nichts, sagte er, wenn einer sie
unter den Trümmern finden sollte,
dann heißt es sowieso: kein Anschluß
unter dieser Nummer.

Sehr früh am Morgen

Das Barometer fällt, die Aktienkurse steigen,
und alles unklar, was man Leben nennt.
Deutschland, im Dauerregen, krampft sich
zusammen und wirft ein Sätzlein aus,
das sich nicht schämt der falschen Melodie.
Irgendwo hier muß die Vergangenheit enden,
wie eine Straße, die zu lange ansteigt.
Und dann? Ein Steilhang und ein Blick aufs Meer?
Oder schmale Kehren in den Abgrund?
Auf dem Bildschirm schwarze Herren,
die vor Erreichung der Altersgrenze noch
das Geschäft ihres Lebens machen wollen,
damit die Beerdigung in alle Welt gleichzeitig
übertragen wird. Am Rande der Konferenz
für Zusammenarbeit am Untergang Europas
drückt einer Hoffnung aus, das Zentrum schweigt.
Der Himmel sieht aus wie ein Haufen
aufgeplatzter Matratzen, kein Wunder,
daß man, dem Bett entstiegen, froh ist,
wenn die Nacht endlich die Wohnung verläßt.

Gerücht 1995

Es geht ein Gespenst um
in Deutschland, klein
soll es sein und sprechen
in versehrten Worten
wie ein fremdes Kind.
Und einen Mantel
soll es tragen, viel zu groß
für seinen greisen Körper.
Und geht in Stiefeln,
heißt es, hochgeschnürt,
die klicken einen Rhythmus
auf der Schädelnaht,
den wir nicht kennen sollen.
Kennt sich nicht aus.
Rupft den Kalender ab
mit schnellem Finger.
Kennt seinen Namen
nicht und lacht,
wenn es uns sieht,
wie wir es sehen.
Ist nicht von hier.

Am Fenster

I
Stille, kein Hauch. Auch die Wolken
stehen reglos am Himmel,
nicht wachsend, nicht alternd,
in ihre kurze Kindheit versunken.
Mit wem soll man hadern,
wenn Gott und Schicksal kneifen?
Von Bäumen, sagte Sokrates,
könne er nichts lernen.
Armer Grieche.
Trägt den Himmel ab
in winzigen Eimern,
die gehen von Hand zu Hand jetzt
bei den Schülern,
und sind doch schon leer.
Ein Apfel hängt noch im Baum,
wundrot, wie ein Herz in der Krypta
der Zweige.
Und die Katze, stumpfnasig und schwarz
wie eine äthiopische Gottheit,
spielt den ungläubigen Zeugen.
Kein Wie kann mir helfen,
das Verlernen zu verlernen.
Das ist ein Gesetz. Und dahinter: die Leere.
Das ist die dürre Ernte dieses Blicks,
der sein Versprechen nicht gehalten hat.

2

Etwas geschieht. Aber was?
Der Nachbar trägt die falschen Briefe aus.
In seinem Garten brennt das Laub,
die Blätter fallen. Alles Große
geschieht in der Stille, ohne Lärm,
und meistens ohne Worte.
Und das Licht kann nicht siegen,
wenn das Geheimnis verbraucht ist.
Einer wohnt im Herzen des Zöllners,
der liebt den Engel des Mitleids,
und der Engel des Mitleids liebt ihn.
Im Augenblick der Verwirrung ist es das,
was den Blick aus dem Fenster ablenkt
vom Tod.

Bäume

Was für Zeiten

Gestern im Wald
ein ernstes Gespräch
mit den Bäumen:
Wenn es nach ihnen ginge,
so ihre rauschende Rede,
gäbe es keine Natur.
Und wir, fragte ich,
aus banger Angst vor Verlust,
was sollen wir tun ohne sie?
Ihr macht
aus der zweiten die erste,
sagten die Bäume,
und geht mit ihr um
wie mit uns.
Und inzwischen,
wisperten eifrig die Blätter,
verwildern wir heftig,
dann dürft ihr als Fremde
uns später wieder entdecken.
Sprachen's
und wurden nicht mehr gesehn.

Auf der Brücke

Der Fluß ist gestiegen über Nacht,
am Morgen flüchtet das braune Wasser
der Schmelze unwillig unter mir weg.
Kein Bild kann sich halten im Spiegel
der Natur. Und doch bleibst du stehn.
Auch das Blut ist nicht zu beruhigen
an diesem Morgen, fliehend keucht es
durch meinen Körper, als sei kein Halt
mehr. Das andere Ufer ist unsichtbar.
Und kein Meer weit und breit, in das du
dich stürzen kannst. Nur übertriebene
Bilder in tragischen Wirbeln,
die im Wasser gurgelnd untergehn.

Unter Bäumen

Es gibt eine Fotografie
von uns beiden, im Wald
unter Bäumen.
Ein verirrter Wind hat
den Schnee schmelzen lassen,
tausend Bäche rinnen
durch unser siegloses Herz.
Du mußt dich fassen lassen
und dich leeren, damit der Todes-
mut den Kopf besetzen kann.
Unerhörte Opfer liegen
unter dem Schnee und wachsen
uns von unten zu. Müssen wir
uns rechtfertigen? Und wer
hat das Bild gemacht? Genau
weiß es keiner, scheint die Hand
zu sagen. Gerecht wirst du nie.

Im strömenden Regen

Dort lag die Stadt. Eben noch blinkte
ein Bürohaus Signale und das rote Licht
auf der Spitze des Kirchturms antwortete
stockend den rollenden Rufen des Himmels.
Was wolltest du mir sagen?
Rücken an Rücken starren wir frierend
auf das graue Tuch des Regens, ob ein Gesicht
sich zeigt oder ein Auge, das uns erkennt.
Was bedeuten die Zeichen in der feuchten
Rinde des Baumes, welches Verzeichnis
wurde hier angelegt und von wem?
Das Wasser steigt. Schon brechen die Brücken,
die uns mit der Stadt verbanden, der Berg
trägt sich ab. Im strömenden Regen lösen
die Tränen sich auf in den Tränen, unlesbar
wird ihr Lauf über unser kaltes Gesicht.
Was wolltest du mir sagen?
Der fließende Gürtel des Wassers berührt
nun den Horizont, den die Vögel kreischend
verlassen. Ein Bild? Der inneren Hoffnung
für immer entzogen, versinken vor unseren
Augen die Bilder. Nun ist nichts mehr
zu sehen bei diesem strömenden Regen.
Nun brechen wir auf.

Die Dronte

1

Weder Eier, noch Bälge.
Nur ein Kopf existiert und zwei Füße,
vierzehige Scharrfüße,
die Tuffe, basaltische Laven
und Aschen berührten
und einen Körper trugen,
der für immer verloren scheint.

2

Dodo, Dudu, Didus ineptus,
die Dronte hat Zuflucht gefunden
unter einem Glassturz
im Senckenberg-Museum.
Was wir sehen,
kann die Wahrheit sein:
ein grauer staubiger Flaum,
der bei jedem Herzschlag zittert.

3

Wenn wir weit zurückgehen,
wird die Grenze löchrig:
Vogelrufe von hier nach dort,
und nach dem Feuer
eine leise menschliche Stimme,
so wie der Wind es wollte:
du mußt dich entscheiden.

4
Die nächsten Jahrhunderte
gehörten uns: geduldig saßen wir
unter dem staubigen Glassturz,
nackte Präparate, Kopf und Fuß,
Richtung und Lenkung.
Was wir entdeckten, verschwand
wie die Pläne des Ganzen.
Und wir entdeckten viel.

5
Wie eine Schrift,
die sich selber löscht;
wie eine dunkle Bewegung
unter einem nächtlichen Himmel,
wie der letzte Tag über Wasser.
Seit 1620 hat diesen Vogel
niemand mehr gesehn.

6
Sonnenstaat und dreißig Jahre Krieg,
Vom dreifachen Leben der Menschen,
Ernährungsprobleme.
Die Dronte wird von der Geschichte
zum Schweigen gebracht, sie konnte
nicht fliegen. Nur ihr Name
wurde gerettet vor Zeit und Tod,
ihren zukünftigen Feinden;
und ein Kopf und zwei Füße.

7
(In Berlin soll ein Bild
des Vogels hängen,
an das sich keiner erinnert;
ein paar alte Beschreibungen
erwähnen sein bitteres Fleisch.)

8
Vermessen das Meer,
der Raum erschöpft,
die Sehnsucht zerschlissen
von rücksichtsloser Erkenntnis.
Nun wurden die Götter sichtbar
und zogen sich zurück
für immer.

9
Die Dronte ist der Vogel der Liebe,
sie träumt sich einen Körper
und mächtige Schwingen,
schon sitzt sie auf meiner Schulter
und spricht.

10
Wir wissen nicht,
was uns wirklich gehört.
Ein Flügelschlag, eine Abbildung
nach der Natur in einem alten Buch.
Ein Wort,

verschlossen in Stein,
und der Stein in der roten Tonschicht
unter dem Staub.

11
Dieser Vogel hält die Erinnerung
wach, er sieht,
was wir kaum noch sehen,
eingehüllt in eine Erwartung,
die sich nur einmal erfüllt.

12
Der ganze Raum
spricht von ihr,
das ist das ganze Geheimnis.

Die Enten

Schneeüberkrusteter See, stöhnend
unter den Schuhen. Jeder Schritt schmerzt
und läßt das Wasser im eisfreien Streifen
am Ufer zittern. Eine Frau überquert
den See an seiner breitesten Stelle, ich
kann es hören. In der Mitte
eine wäßrige Zunge, besetzt mit Enten,
deren scholastischer Disput die Sonne
tanzen läßt. Stehenbleiben, warten,
zählen. Ein Ort, der mir günstig ist.
Zwei Schwäne fliegen dumpf klatschend
über mich weg: eine weiße Seite
wird umgeblättert, eine einzige weiße Seite.

Graumann

Graumann im Fenster,
draußen der staubige Hund
im Gespräch mit dem Zufall:
etwas, das sich bewegt.
Wenn der Wind dreht,
stellt sich das Fell auf:
so sah er aus, der Gott
der Katzen, raubsüchtig mild.
Wolken trödeln vorüber,
Papier, auch ein Tier:
beschrieben und zerknittert,
etwas, das sich bewegt.
Wenn der Wind dreht,
hört man stadtwärts
die Litanei der Tiere,
ein schweres Atmen.
Ein Griff in dein Fell,
Graumann, öffnet die Augen.

August Garcke: Ehrenpreis

1

Den thymianblättrigen Ehrenpreis hat er in der Wetterau und einmal
unter Klee bei Rüdesheim in Menge gefunden: eiförmige Blätter, etwas
gekerbt, die blütenständischen lanzettlich. Blaue Krone, ziemlich flache
Kapsel. Familie der Scrofulariaceae.

2

Andere Gattungen der Familie – allesamt mit offenem Kronschlund,
manchmal durch Einstülpung der Unterlippe geschlossen – fand er bei
Bieberstein im Erzgebirge, in Schlesien bei Bohrau-Seiffersdorf unweit
Stiegau, bei Königszelt, Rohnstock, Bolkenhain und Jauer. Den
Fels-Ehrenpreis nur an grasreichen Orten der Vogesen auf dem Hohneck
über dem Schießenroth-Ried und Wolmsa. Im Kessel des Mährischen
Gesenkes stand der ährige, im Tobel von Hochbodman der
nesselblättrige Ehrenpreis, stellenweise gemein.

3

Der größte Teil der Orte hat heute keine Postleitzahl mehr.

4

Ehrenpreis ist eine mittelgroße Familie, von meinem Urgroßonkel
August Garcke zusammengehalten. Er war Doktor der Theologie, hielt
sich aber, der unliebsamen Streitigkeiten unter den Theologen müde,
bald an die Pflanzen. Seine Bibel war die »Illustrierte Flora von
Deutschland«, sein Gott hieß Linné und kam aus Schweden. Er hat ihn
nie verraten.

5

Von einer Nemesis Divina in seinem Nachlaß ist nichts bekannt.

6

In der Regel trat er seine Wanderungen bald nach Mitternacht an und
hatte, wenn der Morgen anbrach, schon einen Weg von etlichen Meilen
zurückgelegt. In Böhmen am Eichbusch bei Kommotau, am Hoppelberg
im Harz, am Lindberge und am Bischofsberge bei Halle, seltener in
Thüringen am Kaffberge bei Wandersleben und im Steiger bei Erfurt
fand er den unechten Ehrenpreis mit seinen einfach gesägten Blättern,
den ziemlich lockeren Trauben und den rundlichen, ausgerandeten und
gedunsenen Kapseln.

7

Dem Menschen ist ein unruhiger Sinn gegeben, von der Neuheit der
Dinge begeistert.

8

Im Juni 1871, als der Krieg mehr oder weniger gewonnen, wurde er zum
außerordentlichen Professor an der Universität Berlin ernannt und zu
seinem 50jährigen Doktorjubiläum mit dem Kronenorden 3. Klasse
sowie zu seinem 80. Geburtstag durch den Charakter als Geheimer
Regierungsrat ausgezeichnet.

9

Veronica praecox Allioni, der frühe Ehrenpreis, fehlte im Königreich
Sachsen und dem größten Teile des östlichen Gebiets. Der Onkel, 1819
in Bräunrode bei Mansfeld in der Provinz Sachsen als Sohn des
Oberförsters geboren, hat nicht angegeben, an welchem Ort er ihn
entdeckt hat, aber er muß ihn dort gesehen haben, wo man noch deutsch
sprach. Seine Flora ist ein deutsches Lehrbuch zum Gebrauche auf
Exkursionen, in Schulen und zum Selbstunterricht.

10

»Wir werden wie der unparteiische Jurist verfahren, die Frage feststellen und die betreffenden Tatsachen aufzählen. Wir müssen die Natur fragen, ob es sei oder nicht sei. Wer mit vorgefaßter Meinung beobachtet, der gibt sich der Täuschung hin.« Schrieb einer seiner Vorgänger in Berlin, ein Spezialist für Schatten.

11

Liebte er dennoch manche Orte und Pflanzen mehr als andere? Oder war vor seinem botanischen Auge alles und jedes gleich? Ein Beispiel: Steinige, schattige Orte der Gebirge, selten. Nicht bei Birkenfeld an der Nahe und nicht bei Rudolstadt, aber im Unterharz bei Rübeland, am Uhusteine bei Einsiedeln, bei Jägerndorf; am Milleschauer bei Teplitz häufig, auf dem Schemnitzstein bei Karlsbad. Hin und wieder eingeschleppt. Auf feuchten Triften fand er den Dillens Ehrenpreis mit seinen fleischigen, trübgrünen Blättern, unterseits meist rot überlaufen, auf Sandplätzen den quendelblättrigen Ehrenpreis mit den bläulich-gestreiften Kronen.

12

Seine Vorgänger am Königlichen Herbarium hießen Johannes von Hanstein und Adelbert von Chamisso. Das Bestehen jeder Art beruht auf dem Bestehen vieler anderer Arten; jede wird durch andere erhalten, durch andere beschränkt und erhält und beschränkt wiederum andere. Irdische Ordnungsliebe, das trifft auch auf ihn zu. Im Oktober 1866 übernahm er die Redaktion der Linnea: Ein Journal für die Botanik in ihrem ganzen Umfange.

13

Mein Exemplar der »Flora«, in der Piererschen Hofbuchdruckerei in Altenburg 1912 gedruckt, trägt den Stempel der Städtischen Höheren Mädchenschule in Straßburg (Lehrer-Bibliothek. B I, XII. 117).

14

Am 10. Januar 1904, wenige Monate vor der Geburt meines Vaters, schloß er die milden, freundlichen Augen, aus denen eine edle Kinderseele der geliebten Pflanzenwelt entgegenstrahlte. Er war unverheiratet geblieben, war anspruchslos und sparsam, selbstlos und bescheiden gewesen. Auch mit Freunden und Kollegen pflegte er keinen näheren Umgang. Sein Leben darf, mit dem Psalmisten, ein köstliches genannt werden.

15

Viele Ausnahmen finden statt. Die meisten sind dem Verkümmern, wenige auch dem Überwuchern der Teile zuzuschreiben, sie sind nur scheinbar; sie werden verschwinden und sich unter das Gesetz fügen, sobald wir sie nicht vereinzelt, sondern in ihrem natürlichen Zusammenhange betrachten und auf die Verwandlung der Form durch die Reihen der Pflanzen aufmerksam sind.

Heute alles vorbei und vergessen.

Gedenkblatt für Günter Eich

Im Garten stehen zwei Schuhe,
mein ungleiches Paar, außer Atem
nach einer langen Reise.
Verlebt und verwegen sehen sie aus
im taunassen Gras der Frühe.
Der eine knarrt in Prosa,
der andre in holprigen Versen.
Wir erfanden uns Wege,
die keines Menschen Füße je
berührt ... Etwas geschwollen,
wenig glaubhaft, und überhaupt:
ein guter Schuh verrät den Weg
nicht, den er gekommen,
ein guter Schuh schweigt.
Ich könnte sie wegschmeißen,
lasse sie stehen. Am Morgen
sind sie auf und davon.

Ein Wort gibt das andere

Der See, die stumme Prozession
der Bäume, Regen, Wort für Wort.
Schon zieht die Nacht im Tage auf,
wie der Tod im Leben beginnt,
die andere Geschichte in dieser,
bestimmungslos, aber beständig,
unruhig, aber nicht ohne Ruhe.
Schon verschwimmen die Grenzen,
gehen auf, gehen über.
Nur wir bleiben stehen, unruhig,
suchen das Licht gegenüber,
das ein anderes Licht zerstört.

So einfach

So einfach: ein Wind rafft am dunklen Himmel
mit keuchenden Gesten die Wolken zusammen,
bläst in die zitternde Architektur der Insekten
über dem See und pflückt die jungen Birnen
aus den noch grünen Kronen der Bäume.
Eine Biene holt sich den süßen Rest
aus einer ängstlichen Glockenblume, bevor sie,
wie wir wissen, in der Dunkelheit des Bienenstocks
tanzend Mitteilung macht über die üble Lage
und Rentabilität von Futterplätzen.
Alles ist unmittelbar gegenwärtig und fremd.
Die kurzlebigen Tiere, Mäuse, Ratten, Wachteln,
haben sich verkrochen, nur die Katze leckt sich
ihr arthritisches Knie. Wir stehen am Ufer,
blicken angestrengt blöde mit schrägem Kopf
in den Regen und warten auf Ruhe, eine Ruhe,
so tätig wie die höchste Tätigkeit.
Alles, was war, war eine Verherrlichung des Wollens:
die schöne Welt, der freie Geist, die liebe Not.
Und unerschöpflich die Quellen des Nichtwissens,
in denen unsere Sprachkrankheit heilte,
auf daß das Unbestimmte sich bestimmen durfte.
Gottlob hört auch das alles auf. Der Himmel
öffnet sich, und ein fallender Stern zerreißt
die Perspektive. Einer geht zurück ins Haus,
einer ahmt die Schlagfrequenz der Fische nach,
einer bleibt stehen, unabhängig von Wind und Wetter.

Blick in den Garten

Könnte ich doch die flatternden Wimpern
des Lorbeers, die im Sturm auffliegen
und sich erst wieder senken, wenn die Schatten
ihren Schatten nehmen vom dunklen Grün,
mit Worten beschreiben, die ihnen gemäß sind.
Nicht die Schönheit ist ein Privileg dessen,
der hinter dem Fenster steht und starrt
auf die gesäumten Wege, den Brunnen,
dem die Steine davonlaufen, und die Kräuter,
nach Klassen geordnet wie in der Schule,
sondern die Worte sind es, die ungeduldig
in einem hocken wie in einer atmenden Arche
und auf das Ende des Regens warten.
Manche verlassen den Mund zu früh
und fliegen erschrocken davon, andere
bleiben in der ihnen zugewiesenen Hülle.
Wir wählen unsere Sprache, nicht umgekehrt,
und auch das lautlose Prahlen der Augen
sucht sich die richtigen Worte, wenn die Zeit
dafür kommt. Aber manchmal, wenn man still
hinter dem Fenster steht und dem Lorbeer
zusieht, wie er kokett sich dem Wind überläßt,
fängt es von selbst an und sagt:
flatternde Wimpern.

Der Nachtsänger

Auf der anderen Seite, wo das Feld
sich krönt mit einer schimmernden Hecke,
wo Hühnerbiß, Brustwurz und Miere
wie Rost die rissige Erde beflecken,
wo das zitternde Heer der Mücken
überm Geweb der Spinnen schaukelt
und die Sonne blaß wird hinter dem Regen,
der die Bienen nach Haus treibt
vor der Zeit, dort auf der anderen Seite,
wo die Dinge der Welt eine Ordnung bilden,
dem Auge gefällig, dem Ohr vertraut,
fällt eine Feder, langsamer als ein Stein,
in das bärtige Gras, das sich duckt
unter dem aufgesperrten Schnabel
des Vogels. Und eine Folge von Tönen,
älter als die launische Stimme
des Volkes, punktiert den leeren Raum
über meinem pochenden Herzen.
Jeder Schlag macht dich leichter,
so wie man, ausatmend, Ballast abwirft
und plötzlich zu fliegen meint
mit angewurzelten Füßen. Jede Tragödie
braucht eine Stimme, sehr fern und doch
sehr deutlich, die sie erträglich macht,
bevor das Dunkel uns blendet.

Nachts, unter Bäumen

Bäume, in loser Reihung
raumscheu verteilt
auf dem sich neigenden Hang.
Ein Stern schon abgekauft
dem mächtigen Schädel der Nacht,
ihn brachte das Käuzchen.
Die Worte bleiben dir treu,
während es in dich einströmt,
keins verrät sich und dich.
Erst am Ende der Nacht,
verbracht unter Bäumen,
klärt sich dein eignes Beginnen,
weil die Antwort verschont bleibt
vom Fragen.

ES IST NICHTS passiert,
was sich aufschreiben ließe.
Nur ist die Welt manchmal
so groß, daß die Wörter
sich darin verlieren.
Dann gehe ich zum See
und schaue den Enten zu.
Wenn die Wellen, die sie
im Wasser bilden, das Ufer
erreichen, strecke ich mich
im hohen Gras aus und bin
nicht mehr zu finden.

SCHREIB DEINEN SCHLUSS. Dein Atem
braucht, will er weiter dich nähren,
ein neues Haus. Aufrecht gehst du
nicht durch die Tür,
auch wenn der Fang im Netz
deine Schultern nicht beugt.

Windstriche

IN DIESEM HAUS IST PLATZ FÜR VIELES. – So muß ein Gedicht beginnen, und mit genau diesen Worten beginnt ein Werk, das aus der gegenwärtigen Lyrik nicht mehr wegzudenken ist. Als sein Autor nach München kam, um mit dem damaligen Leiter des Carl Hanser Verlages, dem legendären Fritz Arnold, über eine Stelle im Lektorat zu sprechen, unterhielten sie sich über Rilke. Eigentlich lag nichts näher, denn Fritz Arnold war zuvor Verleger bei Insel gewesen, dem Verlag von Rainer Maria Rilke. Nun, 1968, hatte sich der Klang der Verse verändert. »Denn da ist keine Stelle, die dich nicht sieht«, der *Archaische Torso Apollos* rief weiterhin jeden zu einer Stellungnahme auf, aber den auf die Worte folgenden Imperativ – »Du mußt dein Leben ändern« – hatte man einseitig auf die Gesellschaft umgebogen. Vielleicht standen die beiden beim Abschied noch etwas länger im Treppenhaus und spürten, die Hand am Geländer, der Erschütterung Rilkes nach. Gedichte geben nicht so schnell Ruhe.

Aus Berlin hatte Michael Krüger die Hanser-Anthologie *Junge Amerikanische Lyrik* im Gepäck, die den großen Aufbruch von Allen Ginsberg und Gary Snyder bis zu den nachdenklich weit atmenden Vers-Projekten von Charles Olson und Frank O'Hara dokumentiert, aus London, wo er als Buchhändler gearbeitet hatte, brachte er die große vokale Regenorgel von Dylan Thomas mit. Hieran muß man denken, wenn man sich die Dimensionen des offenen Hauses vorstellen will, an dem der junge Lyriker Krüger arbeitete: Die Verse sollten aus Wahrnehmungen bestehen, die den Konturen der sich ändernden gesellschaftlichen Landschaft nachfuhren. »Die Welt hat sich tatsächlich verändert, das ist unbestreitbar. Auch die Gedichte haben sich verändert. Es kommt nun darauf an, auch die Weise der Rezeption zu ändern, damit wir die heute entstehenden Gedichte auch lesen können«, schrieben Hans Bender und Michael Krüger in ihrem gemeinsamen Nachwort zu dem Band *Was hat alles Platz in einem Gedicht?*, der ein Jahr nach dem ersten Lyrikband Krügers, *Reginapoly*, erschien und wie sein poetologisches Pendant wirkt.

Für Michael Krüger ging es nicht darum, die Agitprop von 1968 durch die um 1975 entdeckte »Neue Subjektivität« zu ersetzen – beide Haltungen waren ihm in ihrer Eindeutigkeit und naiven Rezeptionshaltung verdächtig. Er will die Unruhe in seinem Herzen in das Zittern der kreiselnden Kompaßnadel übersetzen, will ihr mit der Sprache folgen, um so ein Gespräch mit der Welt zu führen, das den Wall der Deutungen und Lektüren durchbricht. Nur im Gedicht gibt es ein Gespräch mit der Sprache selbst, das Gedicht ist sein Kompaß, »die Nadel, die nie irrt« (Novalis). Und erst so wird wieder eine Aufmerksamkeit möglich, die einen Bogen um die falschen polaren Festschreibungen der deutschen Lyrik – Rilke und George, Brecht und Benn, Pastior und Gernhardt, Grünbein und Kling – schlägt und dabei nie das Eichendorffsche »Es ruht ein Lied in allen Dingen« vergißt. Im Gedicht ruht für ihn eine potentielle Energie – wie bei einem Pendel, das den weitesten Punkt seines Ausschlages erreicht und einen Moment innehält. Dieses Potential muß der Leser in kinetische Energie umsetzen, damit das Pendel des Verses durch sein Herz fährt. »Wer ein langes Gedicht schreibt, schafft sich die Perspektive, die Welt freizügiger zu sehen, opponiert gegenüber vorhandene Festgelegtheit und Kurzatmigkeit. Die Republik wird erkennbar, die sich befreit«, so Walter Höllerer in seinen *Thesen zum langen Gedicht* aus *Was hat alles Platz in einem Gedicht?*.

★

ES SIND DIE EINFACHEN DINGE, DIE UNS NICHT SCHLAFEN LASSEN. – Das ist die Uhr der Verse, ihre Unruhe, die auch die Freunde und Vorbilder ergriffen hatte, für die die Literatur 1968 genau so wenig in der Krise steckte: Ilse Aichinger, Ernst Meister, Wolfgang Bächler und Nicolas Born im Westen, Günter Kunert und Johannes Bobrowski im Osten und der nach seiner Ausreise in den Westen immer einsamere Peter Huchel. Als jener gefragt wird, ob seine Gedichte politisch seien, liest er Verse über Büchner – das kommt unter seinen buschigen Augenbrauen als zu gnomisch-subtil hervor, um von der studentischen Vollversammlung geschätzt zu werden. Hier setzt Krüger an mit seinem Wunsch nach einem anderen Lesen, nach einer anderen Rezeption: Die Namen sollen verstanden werden, ihre Geschichte: das ganze Summen im großen Bienenkorb der Poesie, wie Mandelstam es beschrieb. Krügers poetischer Weg führt ihn dabei zu den »einfachen Dingen« und »kleinen Versen«, die nicht ihr Heil an die großen Worte hängen, sondern seismographisch präzise die Verwerfungen erfassen, in dem sie zeigen und so benennen. Nachts steht er mit William Carlos Williams in der Küche vor dem Kühlschrank und beobachtet durch das Fenster die Katze, die draußen im Garten seinen Blick mit Phosphorleuchten erwidert. Sie erinnert ihn, daß auch der Mensch nur ein Teil der Natur ist, aber ihre Sprachlosigkeit ist eine Barriere, über die uns in seinen Gedichten die Bäume, Hunde und Enten zu trösten versuchen.

Barrieren und Grenzen – wer wie er lange in Berlin lebte und Freunde »drüben« hatte, dem steckt die Teilung unter der Haut. Im März 1990 waren wir im Auto von München auf dem Weg zur Leipziger Buchmesse. Die Grenze war offen, aber ihre Einrichtungen waren noch intakt: in Uniform standen die Grenzbeamten salutierend am Rand der langsam vorbeirollenden Autokolonne, beäugten skeptisch die Insassen, die noch vor kurzem wegen der belanglosesten Drucksache im Gepäck Schweißausbrüche bekamen. »Und das alles wegen denen.« Krüger schaltete das Auto höher, und den Offizieren dämmerte, daß sie bald ehemalige sein würden. Am Messesonntag wurde über die D-Mark abgestimmt.

★

EINE FLEDERMAUS BEKRITZELT DAS WASSER. – Jahre später, nachdem man in Rilkes »Wer jetzt kein Haus hat, baut sich keines mehr« keine metaphysische Unbehaustheit mehr sehen wollte, sondern falsche Behaglichkeit, verschwand die Welt im Diskurs. Sprache legte sich über Sprache, Sprechweisen überlagerten sich, wurden symbolisch für den Bruch, den Riß, der in der Zeitgeschichte ausgeblieben war. Der Ort der Bedeutung wurde utopisch, was die Nachdenklicheren nur noch nostalgisch erlebten: Gemälde, Museen und Dorfkinos, alles wurde zur Erinnerung an etwas Größeres, das die Gegenwart kassiert hatte und nun die Geisteswissenschaften archäologisch sichern wollten – und vielleicht sogar retten. Selbst über das Buch der Natur wollten wir uns nicht mehr wundern, sondern untersuchten, um Auslegung bemüht, die Ebenen und Folgen ineinander verflochtener Metaphoriken.

Und doch hält uns das Staunen über dieses Buch wach und scheint in Augenblicken des Rühmens immer wieder auf: In Inger Christensens »Die Aprikosenbäume gibt es« ist eine Energie zu spüren, eine Kraft und die Gelassenheit, die Fragen vor den Antworten zu schützen (womit wir uns Krügers Verständnis von Philosophie nähern: das Staunen über die Vielfalt des Fragens).

Fast nur als Schlaflose kommen wir noch auf die Stilleben einstiger Bedeutungen zurück, auf die losen Blätter der Geschichte, deren Rahmenhandlung uns entgeht, der wir aber Anekdoten entnehmen, die uns so vielfältig vorkommen wie die Natur selbst. Und hier steht wieder Michael Krüger, der Vergils *Georgica* liebt und gerne Förster geworden wäre, und folgt dem Hund durch die Wiese, dem Igel in die Hecke und hat dabei immer das Pflanzenbestimmungsbuch seines Urgroßonkels zur Hand. Natur und Geschichte, die Erinnerung an eine andere Bedeutsamkeit – wie nah das beieinander liegen und doch den Blick auf die eigene Wirklichkeit schärfen kann, ist von polnischen Lyrikern zu lernen: Tadeusz Różewicz und Zbigniew Herbert, aber auch von Seamus Heaney und Derek Walcott.

»Das lange Gedicht als Vorbedingung für kurze Gedichte«, lautete Walter Höllerers letzte *These zum langen Gedicht*. In den späteren Gedichten Michael Krügers drängen die Verse zu lakonischen Aperçus, und die Ferngespräche über Poesie fallen kürzer aus. Aber stets geht es um die einfachen Dinge, die hinter der Bibliothekswand liegen und die durch all die Lektüren hindurch von einer Stimme berührt werden wollen: »Dann gehe ich zum See / und schaue den Enten zu. / Wenn die Wellen, die sie / im Wasser bilden, das Ufer / erreichen, strecke ich mich / im hohen Gras aus und bin / nicht mehr zu finden.« Gut, daß wir nur dem Zittern der Kompaßnadel folgen müssen, damit Michael Krüger uns nicht verloren geht.

Hans Jürgen Balmes

Die Gedichtbände von Michael Krüger

Reginapoly. Gedichte, Hanser, München / Wien 1976.

Diderots Katze. Gedichte, Hanser, München / Wien 1978.

Nekrologe. Mit einem Vorwort von Ludwig Harig, Harlekin-Presse (in 250 num. Ex.), Pforzheim 1979.

Lidas Taschenmuseum. Gedichte. Mit Zeichnungen des Autors, Pfaffenweiler Presse (200 Ex.), Pfaffenweiler 1981.

Aus der Ebene. Gedichte, Hanser, München 1982.

Stimmen. Gedichte. Mit Zeichnungen des Autors, Pfaffenweiler Presse, Pfaffenweiler 1983.

Wiederholungen. Gedichte, Literarisches Colloquium, Berlin 1983.

Die Dronte. Gedichte, Hanser, München 1985.

Zoo. Gedichte, Pfaffenweiler Presse (300 Ex.), Pfaffenweiler 1986.

Idyllen und Illusionen. Tagebuchgedichte, Klaus Wagenbach (Quartheft 165), Berlin 1989.

Hinter der Grenze. Gedichte, Pfaffenweiler Presse (400 Ex.), Pfaffenweiler 1990.

Brief nach Hause. Gedichte, Residenz, Salzburg 1993.

Nachts, unter Bäumen. Gedichte, Residenz, Salzburg 1996.

Wettervorhersage. Gedichte, Residenz, Salzburg 1998.

Keiner weiß es besser als der Mond. Gedichte (zu Bildern von Quint Buchholz), Hanser, München 2001.

Wer das Mondlicht fängt. Bilder und Gedichte, Sanssouci, Zürich 2001.

Vom Licht ins Dunkel. Neun Gedichte zu neun Radierungen von Erika Hegewisch, Merlin, Gifkendorf 2001.

Kurz vor dem Gewitter. Gedichte, Suhrkamp, Frankfurt am Main 2003.

Unter freiem Himmel. Gedichte, Suhrkamp, Frankfurt am Main 2007.

Nachweise

Reginapoly. Gedichte, Hanser, München / Wien 1976.
    Widmung (S. 5)
    Der erste Besuch nach Jahren (S. 36)
    Am Tresen (S. 51)
    Besichtigung eines fertigen Gebäudes auf dem Weg an den Tegernsee (S. 78)
    Unterhaltung kurz vor der Grenze (S. 155)
    Archäologie (S. 162)

Lidas Taschenmuseum. Gedichte. Mit Zeichnungen des Autors, Pfaffenweiler Presse (200 Ex.), Pfaffenweiler 1981.
    Provinzmuseum (S. 106)
    Paradies. Um 1530 (S. 108)
    Um 1580 (S. 110)
    Um 1610 (S. 111)
    Um 1620 (S. 113)
    Um 1630. Ein Totenschädel (S. 115)
    Um 1640 (S. 117)
    Um 1660 oder später (S. 118)
    Um 1700 (S. 119)
    Um 1750 (S. 120)

Aus der Ebene. Gedichte, Hanser, München 1982.
    Der erschrockene Mensch (S. 10)
    Istanbul erinnernd (S. 11)
    Die guten Tage (S. 13)
    Im Herzen der Stadt, 1982 (S. 14)
    Ferngespräch über Poesie (S. 35)
    Überall Zeitungen (S. 38)
    Nachricht für Lidia. Ostern 1980 (S. 42)
    Auch der Tod ist nur eine Anspielung auf das Leben (S. 77)
    Der letzte Versuch, in vier Teilen (S. 81)
    Fußnote (S. 84)
    Im Museum (S. 121)
    Wladiwostok – Pompeji (S. 167)
    Zurück (S. 171)
    Deutsche Geschichte, tiefgefroren (S. 172)
    Literatur (S. 175)

Inhalt

Stimmen

Schatten

Blicke

Michael Krüger
Der Mann im Turm
Roman
Band 11389

Ein deutscher Maler mit der stolzen Absicht, der »strahlende
Erneuerer der Landschaftsmalerei« zu werden, hat sich für
ein Jahr zur Arbeit nach Südfrankreich in einen Turm
zurückgezogen. Doch auch da ereilen ihn die Schrecken der
Künstlerexistenz und – in Gestalt des Herrn Scheibe, Wurst-
fabrikant und Kunstsammler aus Saarbrücken – des Kultur-
betriebs und führen die Verlockungen des allzu prallen
Lebens nur zu den schrecklichsten Scherereien. Überhaupt
stößt der Schaffensdrang auf eine Menge Hindernisse.

Fischer Taschenbuch Verlag

fi 11389 / 1

Michael Krüger
Himmelfarb
Roman
Band 12382

Es beginnt mit einem Zufall: In den vierziger Jahren engagiert
der Rasseforscher Richard den jüdischen Emigranten
Himmelfarb, damit er ihn in den brasilianischen Dschungel
begleitet. Auf einer Reise quer durch exotische Lebenswelten
verrät Richard den Freund. Erst nach fünfzig Jahren erschüt-
tert ein Brief von Himmelfarb die Lüge, mit der es sich so gut
leben ließ. Ein Treffen steht bevor.

»Michael Krügers Roman
erzählt mit spannendem Raffinement …
man hat eine glückliche Zeit
damit verbracht.«
Frankfurter Rundschau

Fischer Taschenbuch Verlag

fi 12382 / 1

Michael Krüger
Aus dem Leben eines Erfolgsschriftstellers
Geschichten

Band 14596

»Mit großer Liebe zum altmeisterlich
ausgemalten Detail erzählt Krüger, was passiert,
wenn poetische Passionen mit der Prosa der Verhältnisse
kollidieren. Seine tragikkomischen Helden sind mit ihrer
Leidenschaft für die Literatur eher gestraft als gesegnet.
Familientragödien bahnen sich unaufhaltsam an, wenn
die Muse mehr geliebt wird als die Tanten.«
Focus

Fischer Taschenbuch Verlag

fi 14596 / 1

Michael Krüger
Das Ende des Romans
Novelle

Band 11018

Ein Literaturmensch in seiner Literatenklause am Starnberger
See, der nach neunjähriger Vorarbeit in neun Jahren ein 800-
Seiten-Opus zusammengeschrieben hat – die »romanhafte
Geschichte der Einbildungskraft eines heroischen Sonder-
lings« sollte es werden – wird, am Schluß seines monströsen
Werkes angelangt, zum Mörder nicht nur seines Helden (dem
er Selbstmord verordnet), sondern gleich seines ganzen Wer-
kes. Der Autor kürzt, streicht, zerreißt Kapitel um Kapitel,
bis von seinem Riesenmanuskript kaum mehr etwas übrig-
bleibt. Der Traum sämtlicher Büchermenschen vom Buch,
das einem erspart bleibt, ist hier Buch geworden.

Fischer Taschenbuch Verlag

fi 11018 / 1